La millonésima mujer

La millonésima mujer

Una guía para mujeres decididas
a impulsar su desarrollo profesional
y a transformar el mundo

Mercè Brey

Plataforma
Editorial

Primera edición en esta colección: marzo de 2024
Quinta edición: febrero de 2026

© Mercè Brey, 2024
© de la presente edición: Plataforma Editorial, 2024

Plataforma Editorial
c/ Muntaner, 269, entlo. 1.ª – 08021 Barcelona
Tel.: (+34) 93 494 79 99
www.plataformaeditorial.com
info@plataformaeditorial.com

Depósito legal: B 1399-2024
ISBN: 978-84-10079-36-6
THEMA: KJ

Printed in Spain – Impreso en España

Diseño de cubierta:
Alex Baudach

Realización de cubierta:
Grafime S. L.

Fotocomposición:
gama, sl

El papel que se ha utilizado para imprimir este libro proviene
de explotaciones forestales controladas, donde se respetan
los valores ecológicos y sociales, y el desarrollo sostenible del bosque.

Impresión:
QP Print

*Para todas aquellas mujeres que quieren
desarrollarse profesionalmente sin someterse
a patrones preestablecidos, que apuestan por una
forma distinta de abordar su reto profesional,
que quieren ejercer ese liderazgo genuino que
les permite brillar con toda su esencia.
Mujeres decididas a cambiar las reglas del juego
y a cocrear una nueva realidad.*

Índice

La millonésima mujer

Por qué he escrito este libro

Años atrás, una compañera de trabajo me regaló un libro, *El millonésimo círculo*, de Jean Shinoda Bolen. Entre sus 104 páginas encontré un concepto muy inspirador que, más adelante, fue uno de los desencadenantes de mi proceso de transformación. Decía: «Cuando un número crítico de personas cambia su modo de pensar y de comportarse, la cultura lo hace también y comienza una nueva era».

Según la teoría de la resonancia mórfica, que es la que sustenta el concepto del «millonésimo círculo», si un número suficientemente grande de personas reformula su forma de pensar y de actuar, se detonará un cambio en la conciencia colectiva. Dicho de otro modo, cuando la masa crítica de personas que han modificado su forma de pensar y actuar se completa (al último individuo que complementa la masa se le llama «elemento X»), se produce un cambio a nivel de toda la humanidad.

Para Shinoda, los círculos de mujeres tienen el poder de humanizar nuestra sociedad. A tenor de la teoría de la resonancia mórfica, la autora propone que, si se crean más y más círculos, llegará un momento en que un círculo actuará como «elemento X» (ella lo llama «el millonésimo círculo»), produciéndose un cambio de conciencia a nivel colectivo cuyo resultado será una sociedad más humanizada.

Al igual que Shinoda, mi anhelo es que seamos capaces de cocrear una sociedad más equitativa, sostenible y humanizada. Y estoy convencida de que las mujeres podemos jugar un papel fundamental en esta cocreación. De hecho, me atrevo a afirmar que deberíamos asumir la responsabilidad de liderarla.

Esta convicción se basa en tres parámetros:

1) Desde el inicio de la Revolución Industrial, el número de mujeres que se han incorporado al mundo laboral ha crecido exponencialmente en las sociedades occidentalizadas.

2) Para la transformación, necesitamos que la esencia femenina impregne el día a día de las organizaciones. Dicho de otro modo, se trata de que los atributos que tradicionalmente hemos definido como «femeninos» encuentren espacio para expresarse.

Durante cientos, miles de años, las mujeres hemos estado ubicadas casi exclusivamente en la esfera privada. Un lugar centrado en el cuidado del hogar y de las personas, donde hemos tenido la oportunidad de practicar habilidades tan relevantes como la colaboración, la intuición, la empatía, la escucha o la tolerancia. Y son precisamente este manojo de cualidades, a las que hemos llamado «cualidades femeninas», las que más necesita en este momento nuestra humanidad.

Y no es que los hombres no tengan estas cualidades. Es que, simplemente, las mujeres las hemos estado practicando con más ahínco durante los últimos milenios.

3) Desde las organizaciones puede ejercerse una influencia significativa para transformar nuestra realidad.

Tiempo atrás, nuestra sociedad construía iglesias, catedrales y otros lugares de culto porque la vida de las personas giraba en torno a la religión. Hoy en día, por el contrario, construimos fábricas y edificios de oficinas, pues nuestra vida tiene como eje central el trabajo. De hecho, una inmensa mayoría de personas nos pasamos un tercio de nuestro tiempo de vigilia trabajando.

Sin lugar a duda, en su momento la religión transformó la sociedad. Entonces ¿no podrían, hoy en día, ser las organizaciones quienes ejerzan su influencia en pro de una sociedad mejor?

Si aúno los tres puntos mencionados, el resumen sería:

Las organizaciones son una plataforma para la transformación de la sociedad. Esta transformación requiere apuntalarse en los atributos tradicionalmente designados como «femeninos» que, fruto de nuestra historia, están más presentes en las mujeres. Hay una incorporación masiva de mujeres en las organizaciones. Por tanto, las mujeres profesionales tenemos frente a nosotras la oportunidad de que nuestra forma de trabajar y de liderar sea en pro de un nuevo paradigma. Esto requiere, en primer lugar, de un cambio de mirada de cada una de nosotras, de un abordaje distinto de nuestro desarrollo profesional. Se trata de superar creencias y romper patrones, de cambiar las reglas del juego.

Significa que vamos a tener que saltar barreras, obstáculos y límites hasta convertirnos en nuestra mejor versión. Que precisamos plantearnos ir más allá de desempeñar un mero trabajo, dándole sentido de vida y propósito a lo que hacemos, siendo fieles a nuestros valores y principios. Y que lo hagamos poniendo nuestro esfuerzo y talento al servicio de nuestro propio beneficio, pero también al servicio del beneficio de la humanidad.

Te animo encarecidamente a que imprimas en tu trabajo esa esencia femenina que con tanto ahínco hemos estado practicando las mujeres a lo largo de la historia. Y te pido que no sucumbas a modelos o patrones impuestos.

Este libro tiene la voluntad de acompañarte en este camino, de ser una guía para todas aquellas mujeres que quieren desarrollarse profesionalmente, y que también anhelan contribuir a la transformación hacia una sociedad más equitativa, sostenible y humanizada.

Y que, si lo deseas, seas tú la millonésima mujer, esa que provocará el salto a una nueva realidad.

Por cierto, ¡bienvenidos todos los hombres que resuenen con esta misión!

Sobre mí

Soy la mediana de tres hermanos. A decir verdad, mi hermana pequeña, Mariona, murió cuando yo tenía algo más de seis años y ella algo más de dos. Con la madurez y perspectiva del transcurrir del tiempo, sigo desvelando el significado de nuestro trocito de camino compartido. A menudo la echo de menos.

Me he permitido este párrafo inicial como un pequeño homenaje a mi hermana Mariona.

Ahora sí, me salto tres quinquenios y te empiezo a contar a partir de mi ingreso en el mundo laboral.

Empecé mi carrera en el sector financiero cuando tenía tan solo veinte años. Me presenté a unas oposiciones donde concursábamos más de 2.500 personas y quedé clasificada entre las treinta mejores notas. Me había preparado duro para las pruebas... y logré mi objetivo.

Aprendo: la diversidad como fuente de riqueza para las organizaciones.

No habían transcurrido ni dos años cuando encontré mi primera gran pasión profesional: acompañar a las empresas en su proceso de internacionalización.

Me fascinaba diseñar estructuras de financiación para compañías que operaban en cualquier punto del planeta. Cada transacción me trasladaba a una realidad lejana. Países distintos, idiomas diferentes, formas de negociar particulares, contextos nada familiares para mí.

Era preciso entender la idiosincrasia de cada mercado y percibir la sutil diferencia que las costumbres locales imprimen a los negocios, para que cada acompañamiento fuera un éxito.

Empatía, tolerancia, respeto... Había comprendido que integrar la diversidad generaba una gran riqueza en los negocios.

Aprendo: las personas necesitamos ser vistas y reconocidas para mostrar nuestra mejor versión.

Viento en popa mi carrera profesional, empecé a dirigir equipos. Cuatro, cuarenta..., decenas y decenas de profesionales bajo mi dirección. Mis prioridades forzosamente cambiaron y del dominio técnico tuve que evolucionar hacia el arte de gestionar personas.

Uhm, que las personas traccionaran no era algo que hubiera aprendido en la universidad ni en las escuelas de negocios, había alguna cosa que escapaba a toda lógica. Más allá de las capacidades técnicas, era preciso desarrollar otro tipo de habilidades.

Observaba a quienes integraban mis equipos y pensaba que eran personas maravillosas, rebosantes de habilidades y cualidades. Pero muchas veces ellos y, muy especialmente ellas, no lo vivían de la misma manera. Por ejemplo, les proponía retos y, recurrentemente, afloraban inseguridades que acababan siendo un gran obstáculo para su carrera profesional.

Así que de nuevo me puse a estudiar, esta vez materias que tenían que ver con el desarrollo humano: programación neurolingüística, *coaching*, constelaciones organizacionales, etcétera.

Ya por aquel entonces, mi trabajo se convirtió en un vasto terreno de experimentación. Recuerdo que le decía a mi equipo:

- «Montse, cada lunes un ramo de flores frescas en las mesas de un mismo equipo y veamos si cambia su comportamiento respecto al resto de los equipos». Quería constatar cómo el cuidado y la atención podían influir en la actitud de un equipo.
- «Felipe, sondea a los equipos y pregúntales en qué necesitan mejorar, de qué les gustaría que les habláramos en la próxima reunión». Quería medir si el compromiso aumenta cuando nuestra opinión es tenida en cuenta.
- «José Manuel, tómate un café con Fulanito o con Menganita e indaga cómo se siente». Quería chequear si el percibir que nos ven, que importamos, ayuda a que las personas desinhibamos nuestro talento.

Y aquí nació mi segunda gran pasión: el liderazgo. Lo vivido hasta el momento fue el detonante de mi primer libro, *Eres lo mejor que te ha pasado... ¡QUIÉRETE!*, publicado también por Plataforma Editorial. Una guía para abandonar la incongruencia entre lo que realmente quere mos y lo que hacemos, para descubrir nuestros talentos, para plantearnos retos y conseguirlos. Para aprender a cuidarnos y darnos cuenta de lo maravillosos y maravillosas que ya somos.

Aprendo: no es fácil ser mujer en un mundo masculinizado.

Mi carrera profesional seguía avanzando. A la par que desempeñaba funciones como directiva en banca y viajaba por medio mundo acompañando a las empresas en sus procesos de internacionalización, daba clases en distintas universidades, ejercía de presidenta en una cámara de comercio (por cierto, la primera mujer en una institución de más de cien años de antigüedad), era miembro en distintos consejos y comisiones nacionales e internacionales, y también mamá de tres peques (dos de forma biológica, otro adoptado).

Empecé a sufrir (sin saberlo en esos momentos) el síndrome de la carga mental y también (a ratitos) el síndrome de la impostora. A pesar de lo bien que me iba tenía la sensación de que mi condición de mujer me frenaba en algún que otro desafío. Conceptos como «privilegios invisibles» o «techo de cristal» empezaron a cobrar sentido en mi día a día.

Aprendo: coherencia, propósito, equilibrio.

Llevaba ya muchos años dándolo todo para ser exitosa en lo profesional y en lo personal. El desgaste de un esfuerzo continuado y la apertura hacia el mundo espiritual me llevó a cuestionarme aspectos profundos en mi quehacer:

* ¿Qué era exactamente el éxito para mí?
* ¿Merecían la pena tantas renuncias para alcanzar determinadas metas?
* ¿Por qué me subrogaba a cumplir determinados estándares?
* ¿Tenía realmente sentido y propósito lo que estaba haciendo? ¿Estaba contribuyendo a la evolución de la sociedad o era más bien un crecer egoísta lo que estaba persiguiendo?

Y amplié el espectro de preguntas:

* Habiendo constatado una y otra vez las bondades de la diversidad, ¿por qué no era una realidad en las organizaciones? yo misma había sufrido discriminación por mi condición de mujer.
* ¿Por qué veía que tantas y tantas personas no estaban ni motivadas ni conectadas con su puesto de trabajo?

De nuevo me puse a ampliar conocimiento. Esta vez mi interés se decantó hacia la neurociencia, la física cuántica, la filosofía y las tradiciones espirituales.

Y después de mucho leer, estudiar e investigar llegué a una respuesta: porque en muchas ocasiones, en los entornos de trabajo, hay un exceso de lo masculino y muy poco espacio para que lo femenino se exprese.

Seguí avanzando por ese camino y fruto de una extensa investigación, de horas y horas de conversación con noventa directivos de veinte países distintos y de una encuesta *online* que fue respondida por personas de cuatro continentes, escribí con Victoria Yasinetskaya *Alfas y Omegas*, una guía para poner en valor lo femenino en las organizaciones y alcanzar una auténtica diversidad de género y un liderazgo incluyente en las empresas.

Sigo aprendiendo: enfocada en la transformación individual y colectiva.

Después de casi treinta años, decidí salir del mundo corporativo. Llena de agradecimiento por todo lo aprendido y con la mochila repleta de experiencias, emprendí nuevos horizontes.

De alguna forma, quería devolver a la sociedad lo mucho que había recibido y contribuir a generar un cambio colectivo a través de impulsar el desarrollo individual.

Ahora distribuyo mi tiempo entre mis pasiones:

- Acompañar a empresas que entienden que la diversidad es una palanca estratégica para evolucionar y transformarse. Y, ya de paso, impactar positivamente en su ecosistema.

- Asesorar a líderes que quieren dejar huella, que entienden que su mejor legado será ejercer su poder para transformar la realidad que les rodea.
- Trabajar con mujeres que quieren saltar barreras propias y ajenas y que aceptan el reto de ser su mejor versión, honrando su esencia femenina y dando espacio para que su masculino se exprese. Mujeres decididas a emprender una evolución personal para liderar una transformación global.

Para finalizar, decirte que creo firmemente que nuestra mejor versión se alcanza cuando somos capaces de integrar nuestra faceta profesional y la personal. Me declaro fan del equilibrio en todas sus versiones.

Te he hablado mucho de mi lado profesional y, para ser coherente con lo que te acabo de decir, toca contarte algo más de mí.

Amo la lectura, el aprendizaje constante, mis ratos de soledad, los paseos por la naturaleza y, muy especialmente, las buenas charlas sin más. Creo en la bondad del ser humano y en que tenemos mucho más poder individual que el que alcanzamos a imaginar.

De corazón, gracias por leerme.

Que sea solo el principio de un largo camino compartido.

Qué encontrarás en este libro

Este libro se divide en tres partes diferenciadas. La primera está enfocada en la evolución individual. Tanto en los aspectos que puedan estar frenando nuestro desarrollo profesional, como en los que nos permitirán avanzar en nuestra carrera.

Abordaremos la diferencia entre hombre y mujer y energía femenina y masculina. Aprenderemos a utilizar estas energías como potentes herramientas al servicio de nuestros objetivos.

Veremos las barreras, los boicoteadores y los obstáculos que más a menudo suelen bloquear nuestro desarrollo profesional y, por supuesto, aprenderemos estrategias y recursos para saltarlos.

Ahondaremos en cómo encontrar nuestro estilo de liderazgo más genuino, el que más nos hace brillar.

También profundizaremos en algo tan relevante como es nuestra relación con el dinero y con el poder. Y obtendremos claves para mejorarla y maximizarla.

Profundizaremos en la importancia del manejo de las palabras y en cómo encontrar nuestra propia voz.

También revisaremos cómo andan nuestros niveles de cansancio y estrés, y descubriremos consejos sencillos pero eficaces para cuidarnos.

Finalizaremos, como no puede ser de otra manera, diseñando nuestro propio plan de acción.

La segunda parte del libro gira en torno a la preciosa oportunidad que tenemos las mujeres de influir en el cambio de paradigma y cómo podemos contribuir a la transformación de nuestra sociedad.

Veremos una efectiva metodología de cinco pasos que nos puede orientar para dejar nuestra huella en el mundo y conoceremos el testimonio de cinco mujeres que apostaron por ser semilla de cambio y cómo fue su proceso evolutivo.

La tercera y última parte reúne un buen número de recursos y herramientas que podrás utilizar si te animas a aceptar los retos que el libro te irá planteando.

¡Que disfrutes la lectura!

Nota: este libro se ha escrito utilizando el genérico femenino. Lo he escrito de esta manera porque intuyo que, mayoritariamente, me vais a leer mujeres. Y así resulta más coherente. Pero si eres hombre, deseo de corazón que esto no suponga una barrera para ti. Esta transformación que planteo no es de las mujeres para las mujeres. Es de todas las personas para todas las personas.

Parte 1.
Mi desarrollo y evolución como mujer

En esta primera parte del libro te voy a invitar a que des un nuevo impulso a tu desarrollo profesional y evolución personal.

A través de un paseo por nuestra historia compartida como mujeres, veremos cómo ciertas barreras y obstáculos, y también potencialidades, no son de talante individual, sino colectivo. Y cómo, en cambio, otras dificultades y también singularidades sí se gestan de forma diferenciada en cada una de nosotras.

Te instaré a que decidas qué quieres hacer con las limitaciones, a que pongas en juego todo tu potencial y a que te retes a impulsar tu crecimiento para que te genere bienestar y abundancia.

Y te daré las herramientas para que, si así lo decides, tu desarrollo profesional llegue hasta donde tú te propongas.

¿Empezamos?

1.
De la confrontación entre hombre y mujer al equilibrio entre lo masculino y lo femenino

Un vistazo a nuestra historia

Dice Riane Eisler, socióloga, abogada y activista social, en su libro de culto *El cáliz y la espada* que hace miles de años existía una sociedad muy distinta a la nuestra, una sociedad cuyo paradigma no estaba basado en la dominación, la violencia y la sumisión como acontece hoy en día, sino en la colaboración, la paz y el respeto.

Según la autora, no es condición humana la opresión y la discriminación, sino que es, más bien, una circunstancia sobrevenida que nos tiene atrapadas. Asevera que nuestra humanidad no está condenada a perpetuar la desigualdad y la injusticia, que podemos cocrear una realidad distinta. Eisler asegura que es posible que nuestra sociedad viva en paz y armonía. Que, de hecho, lo único que precisamos es recordar para volver a crear esa otra realidad.

A este mensaje esperanzador quiero sumar otro de Jean Shinoda Bolen. Doctora en Medicina, analista junguiana y profesora de psiquiatría en la Universidad de California, Bolen es una prolífera autora de libros enfocados en el despertar y el empoderamiento de la mujer. En una de sus obras, encontré una frase preciosa y muy ilustrativa: «El mundo está enfermo y necesita de los cuidados de una madre». Delicada metáfora para decirnos que las cualidades llamadas «femeninas» son las que se precisan para sacar al mundo del atolladero donde se encuentra.

Por unos momentos, echemos la vista atrás.

Como decía al introducir la razón de ser de este libro, durante un prolongadísimo período de tiempo el desarrollo de la mujer se ha producido en la esfera privada. Un lugar cuya actividad principal giraba alrededor del cuidado. Recaía en las mujeres la atención al hogar y a las personas que lo habitaban. Este quehacer diario precisaba de una serie de habilidades tales como la empatía, la colaboración, la flexibilidad, la escucha, la sensibilidad, la intuición, etc.; capacidades que las mujeres hemos ido entrenando generación tras generación.

Paralelamente, durante ese mismo período de tiempo, el grupo hombres estaba ubicado en la esfera pública. Luchar, competir, asegurar el sustento, legislar, gobernar, etc., eran actividades que tenían lugar en ese espacio. De la misma forma que acontecía en la esfera privada, la pública requería unas habilidades concretas que iban desde la fuerza, la valentía o la osadía hasta la facilidad para asumir riesgos o establecer límites. De nuevo, capacidades entrenadas por los hombres de tantísimas generaciones.

No es hasta hace unas pocas décadas, y muy de la mano de la Revolución Industrial, que las mujeres hemos irrumpido masivamente en la esfera pública.

Para hacerlo corto, diríamos que nos hemos encontrado con un terreno hostil, donde las reglas del juego otorgan valor a habilidades que el grupo mujeres tiene menos «entrenadas» y que minusvalora aquellas cualidades que con tanto ahínco hemos estado cultivando.

Este somero resumen nos da unas pinceladas del significativo transcurrir de nuestra historia y de cómo se ha polarizado el perfil y el valor que otorgamos a un hombre y a una mujer.

Nuestra naturaleza energética. Somos energía femenina y energía masculina

Quiero introducirte ahora lo que es la base de mi trabajo, fruto de aunar años de experiencia e investigación: ayudar a las personas y a las organizaciones a equilibrar su energía masculina y femenina.

Constato día tras día que, cuando las personas logramos equilibrar nuestra energía masculina y femenina, mostramos nuestra mejor versión y sentimos un profundo bienestar. Lo mismo acontece con las organizaciones. Si una empresa logra el equilibrio entre su energía femenina y masculina, su competitividad es más sana y su rentabilidad se refuerza.

Ya en mi primer libro, *Eres lo mejor que te ha pasado... ¡QUIÉRETE!*, esbozaba el concepto de nuestra naturaleza energética sustentado en multitud de estudios realizados en el marco de la física cuántica.

Aludía a nuestra condición de seres energéticos, gestoras de energía tanto femenina como masculina, siendo conceptos que nada tienen que ver con la identidad sexual o con ser hombre o mujer. La energía masculina está relacionada con esa parte nuestra capaz de tomar decisiones rápidamente, sin contemplaciones y sin temor. Es pura fuerza, valentía y decisión. Llevada al extremo, puede ser una energía descarnada en la que se expresa despiadadamente la intolerancia, la arrogancia o la agresividad.

La energía masculina se identifica con la mente racional y está regida por el hemisferio izquierdo del cerebro, que es el del análisis y la dualidad, enfocado en el hacer.

Por otro lado, la energía femenina es aquella vertiente de la persona que integra conceptos como la empatía, la capacidad de trabajar en equipo, la facilidad para la multitarea, la voluntad de inclusión o la predisposición a tolerar la diferencia. Pero también, cuando está en exceso, muestra aquella parte nuestra que es dubitativa e insegura.

La energía femenina está vinculada al hemisferio derecho del cerebro, que es el de las emociones y la visión holística, enfocado en el ser o sentir.

Ambas energías son patrimonio universal, presentes tanto en hombres como en mujeres. Lo que acontece, según argüía anteriormente, es que las mujeres, por contexto, hemos desarrollado más intensamente los atributos vinculados a la energía femenina. Sucediendo lo mismo con los hombres, que, dada su exposición a la esfera pública, han profundizado con más ahínco en el desarrollo de los atributos que caracterizan a la energía masculina.

Sobre hombres y mujeres.
Cómo nos etiquetamos socialmente

Profundicemos algo más en esta diferenciación que hacemos entre las cualidades de un hombre y una mujer, pues es la base de los obstáculos a nuestro desarrollo profesional.

Los humanos y las humanas taxonomizamos sistemáticamente, siendo «taxonomizar» la ciencia de agrupar entre similares. Lo hacemos constantemente, de forma consciente e inconsciente. Una y otra vez nos enmarcamos en categorías: ¿Vegana, vegetariana, omnívora? ¿Europea, americana, africana? ¿Blanca, negra? ¿Emprendedora, empresaria, empleada? ¿Mujer u hombre?

Cojamos esta última clasificación, la de hombre/mujer. El paso siguiente es asignarle a cada grupo una serie de características. De este modo, y debido al recorrido histórico que mencionaba con anterioridad, al grupo hombres le hemos otorgado socialmente una serie de atributos:

• La fuerza, la capacidad y la firmeza en la toma de decisiones, una mentalidad lógica y analítica, el pragmatismo, la valentía o la osadía.

Veamos qué pasa con el grupo mujeres. Los atributos asociados son distintos y tienen que ver con:

• La empatía, la habilidad de comunicar, de llegar a consenso, de colaborar. También la flexibilidad, la generosidad o la intuición.

Por supuesto que estamos frente a una generalización. Porque ¿no conoces a ningún hombre que sea empático, generoso e intuitivo? ¿Y no conoces a ninguna mujer que sea valiente, analítica y que tome decisiones sin vacilar? ¡Apuesto a que sí!

Sigamos.

Clasificamos, asignamos características a cada grupo y, de forma inconsciente, esperamos que cada grupo se comporte según como lo hemos definido. Es decir, esperamos que un hombre se comporte «como un hombre» y una mujer «como una mujer».

Sé perfectamente que esto no aplica al pie de la letra, pero sí tiene un poso que se repite una y otra vez.

Lo interesante de conocer esta concatenación es que da lugar al germen de una de las barreras más significativas a nuestro desarrollo profesional: los sesgos inconscientes, que, a su vez, derivan en estereotipos, prejuicios y la tan destructiva discriminación. Te lo cuento con detalle en el siguiente capítulo.

Por último, remarcar que la estructura social en la que estamos sumergidas da más valor a «lo masculino». De este modo, éxito o poder son términos fraguados bajo el prisma de lo masculino, mientras que lo tocante a «lo femenino» se vincula a menudo con menor percepción de valor.

Afortunadamente, estamos en un cambio de tendencia, un momento crucial donde se empieza a comprender la riqueza que conlleva la energía femenina también en la esfera pública.

Es mi intención fundamental al escribir este libro enseñarte a equilibrar tu energía masculina y femenina. Quiero mostrarte cuánto potencial atesoras y darte las herramientas para que, a tu ritmo y manera, vayas encontrando ese equilibrio que te permita estar bien contigo misma y transformar la realidad que te rodea.

Equilibrio entre la energía femenina y la masculina

Me encantan las alegorías, me parece un recurso buenísimo para explicar conceptos complejos. Así que te cuento con una alegoría qué pasa cuando hay un desequilibrio entre nuestra energía masculina y femenina.

Imagínate el agua en su justa medida: es pura bendición. Riega los campos, limpia la atmósfera, llena los embalses. Pero ¿qué pasa cuando tenemos agua en exceso? Lluvias torrenciales, tsunamis, inundaciones, etc. Es sinónimo de destrucción.

Lo mismo ocurre con nuestra energía. Por ejemplo, si tengo un exceso de energía femenina, puedo pasar fácilmente de la empatía y la colaboración a asumir sistemáticamente cualquier tarea que se me presente, mostrando una clara dificultad para establecer límites.

Si, por el contrario, lo que está en exceso en mí es la energía masculina, la fuerza tiende a volverse violencia. La capacidad de tomar decisiones se torna imposición. O el pragmatismo acaba derivando en frialdad.

Por tanto, lo que nos genera mayor bienestar y nos permite mayor desarrollo es encontrar el equilibrio entre nuestra energía masculina y femenina.

Lo interesante es tener presente que el equilibrio no es un punto, sino un espacio. Un punto representa la inmovilidad ,y cuando nada se mueve, no hay vida.

El concepto «espacio» significa que podemos ir basculando entre una energía y otra según vayamos requiriendo. Es un abanico de infinitas posibilidades que puedo ir articulando dependiendo de la circunstancia. Es movimiento, fluir, y ya sabemos que la energía, para generar riqueza, precisa movimiento.

De este modo, y a título de ejemplo, si necesito conectar con otra persona preciso de la energía femenina para escucharla profundamente, empatizar con ella, entender sus requerimientos o necesidades, etc. Pero si se trata de no dejarme pisotear, de poner un límite, entonces toca presencia de la energía masculina.

¿Qué tipo de energía predomina en mí?

Como dice el filósofo José Antonio Marina: «En nuestra sociedad hay un exceso de predominio del hemisferio izquierdo». En nuestra sociedad en general y, muy especialmente, en el ámbito organizacional.

Como antes comentaba, el hemisferio izquierdo de nuestro cerebro gestiona nuestra energía masculina y está vinculado con la racionalidad. Es analítico, lógico y pragmático. A su vez, trabaja en dualidad, lo que significa que configura el sentido de una cosa en contraposición de otra. Por ejemplo: arriba versus abajo, delante versus detrás, derecha versus izquierda, tú versus yo. Por tanto, tiene serias dificultades para aceptar la diversidad e inclusión.

El izquierdo es un hemisferio enfocado en el hacer. Necesita constantemente «hacer cosas», es su misión.

Fíjate que, en una sociedad tan racional como la nuestra, el «no hacer» a menudo nos provoca una sensación de desasosiego. ¿Qué pasa cuando se nos vacía la agenda? ¿O cuando se nos cancela un plan? ¿Cómo nos sienta eso de no tener nada que hacer?

Entonces, si como afirma Marina, utilizamos exhaustivamente el hemisferio izquierdo, no es de extrañar que el entorno que nos rodea esté desconectado de las emociones, propicie el individualismo, «haga» hasta la extenuación y persiga incesantemente la consecución de logros.

En consecuencia, hemos relegado el uso del hemisferio derecho a un desprestigiado segundo lugar. Un precioso y necesario hemisferio derecho conectado con las emociones, con una mirada holística de todo lo que nos rodea, con un enfoque desvinculado del hacer y centrado en el ser y el sentir; un hemisferio regido por la energía femenina. Un hemisferio infrautilizado que puede neutralizar los excesos de la racionalidad si le damos espacio.

Te propongo a continuación un sencillo test para que tomes consciencia del tipo de energía que está más presente en ti. Si has leído mi primer libro, te resultará familiar. Coge un lápiz e intenta contestar con sinceridad después de haber reflexionado.

TEST DE MEDICIÓN DE NUESTRA ENERGÍA FEMENINA Y MASCULINA

1. *Gestión de la toma de decisiones*
   a. Sientes dudas y desasosiego ante la necesidad de decidir.
   b. Tu proceso de decisión es lento. Muchas veces requieres apoyo externo.
   c. Tu toma de decisiones es rápida y firme.

2. *Habilidades de relación social*
   a. Te sientes cómoda en la relación con las personas.
   b. Tienes interés medio en relacionarte con personas desconocidas.
   c. Prefieres actividades individuales.

---

3. *Preferencias en la realización de las tareas*
   a. Te sientes cómoda ante el hecho de compartir tareas y responsabilidades.
   b. Puedes colaborar a petición, pero prefieres trabajar de forma individual.
   c. Rindes mucho más trabajando individualmente.

4. *Forma de percibir lo que se observa*
   a. Prestas atención a la globalidad de la imagen.
   b. Percibes el conjunto, pero te fijas más en un aspecto concreto.
   c. No tienes ningún interés en la generalidad; la particularidad de algún elemento en concreto capta tu atención.

5. *Forma de relacionarse con los elementos mecánicos.*
   a. Sensación de incapacidad frente a su uso.
   b. Dificultad en su manejo. Necesitas concentración y práctica para manejarlos.
   c. Atracción hacia estos artilugios, los percibes más como una diversión que como una obligación.

6. *Capacidad de empatizar*
   a. Facilidad de ponerte en lugar de las otras personas.
   b. Sensación de desconcierto con determinados comportamientos de las otras personas.
   c. Incomprensión manifiesta hacia personas muy distintas a ti.

7. *Capacidad de comunicación*
   a. Tienes un manejo fluido de la retórica.

b. Cierta dificultad en adaptar el mensaje a la otra persona.

c. Te cuesta comprender porque la otra persona no capta el mensaje que le transmites.

8. *Posicionamiento frente a las otras personas.*
   a. Respeto y comprensión de la opinión y el comportamiento de las otras personas.
   b. Cierta necesidad de imponer el criterio.
   c. Tendencia a pensar que la mejor opinión es la tuya.

9. *Sensibilidad hacia las otras personas.*
   a. Apoyas de forma desinteresada cuando alguien lo necesita.
   b. La atención hacia las personas la vives como una obligación.
   c. Intentas evitar el contacto con personas o grupos que puedan requerir ayuda.

10. *Reacción frente a la adversidad.*
    a. Desaliento y tristeza.
    b. Estrés y abatimiento.
    c. Furia y ansiedad.

Resultado

Por cada *a* suma 10 puntos; por cada *b*, 5, y ninguno por cada *c*.

Interpretación

Menos de 40 puntos:

Hay una mayor presencia de energía masculina. Eres una persona decidida, que sabe defender sus posiciones, con capacidad de sacar proyectos adelante, pero con falta de empatía y baja capacidad de diálogo (rasgos característicos de la energía femenina).

De 40 a 60 puntos:

Tus energías tienden al equilibrio. Tienes la iniciativa suficiente para poner en marcha proyectos y la paciencia para esperar a que las ideas florezcan. Cuentas con una facilidad integradora al tener en cuenta los sentimientos y las aptitudes de las personas por medio del diálogo y la comprensión de los valores ajenos.

Más de 60 puntos:

Hay aquí un exceso de energía femenina con el riesgo que conlleva convertirse en un instrumento de voluntades ajenas. La generosidad empieza por una misma. Hacer valer la propia voz no es un signo de desconsideración hacia los demás, sino de identidad.

Tomar consciencia de qué tipo de energía está más presente en nosotras, es el primer paso indispensable para abordar con éxito el impulso a nuestro desarrollo profesional.

En el próximo capítulo, vamos a ver cómo se gestan las barreras más habituales que solemos encontrarnos en nuestra carrera y, por supuesto, cómo saltarlas. No pierdas de vista lo que has aprendido hasta el momento, pues tu forma de saltar las barreras va a depender de tu configuración energética.

2.
Barreras al desarrollo profesional de la mujer

Lo visto en el primer capítulo da contexto a lo que te quiero relatar a continuación. Me refiero a una serie de dificultades que surgen repetidamente en el recorrido profesional de muchas mujeres y que se erigen como auténticas barreras. Por desgracia no es infrecuente percibirlas como insalvables, pero arriba los ánimos. ¡Sí podemos saltarlas!

De hecho, si conocemos cómo se originan estas barreras, tendremos más posibilidades de gestionarlas con éxito.

Empecemos.

Sesgos inconscientes y estereotipos

Sesgos inconscientes

Quizás los sesgos inconscientes sean la barrera más inhibidora de todas. Y el motivo lo lleva implícito su nombre: ¡son inconscientes! Por tanto, no tenemos consciencia de que existen. Siendo así, ¿cómo vamos a gestionarlos? Déjame que te cuente.

Los sesgos inconscientes son modelos mentales que generamos individualmente para lidiar con las exigencias del día a día. Recibimos once millones de bits de información por segundo, mientras que tan solo somos capaces de procesar cuarenta. Así que nuestro cerebro no tiene más remedio que facilitarnos atajos mentales para que podamos sobrevivir a tal aluvión de información.

Esos modelos mentales se van configurando a base de lo que vamos experimentando y aprendiendo a lo largo de nuestra vida. En casa de peques, en el cole, en el trabajo, en las redes sociales, en los medios de comunicación y, por supuesto, el peso de nuestra cultura. Toda esta información se almacena en nuestro inconsciente, donde confeccionamos los modelos mentales que se detonan en función de los estímulos que vamos recibiendo.

Para clarificarlo algo más, te pongo un ejemplo.

Es muy habitual que las mamás y, muy especialmente, los papás se dirijan a su hijita como «mi princesa». Es una formulación cariñosa y tierna. El problema radica en el significado que nuestro inconsciente otorga a la palabra «princesa»; significado que hemos ido tejiendo a partir de cuentos, películas, etc.

Mayormente el término «princesa» se asocia con la amabilidad, la fragilidad, la buena conducta o la obediencia.

Para contextualizar bien el ejemplo, necesito añadir otro concepto: las personas hacemos cualquier cosa para sentirnos amadas, nos va la supervivencia.

Cuando el papá o la mamá llama cariñosamente «princesa» a su hija, ella lo vive como algo que le transmite amor y reconocimiento. Su cerebro, mientras tanto, asocia esa sensación tan agradable con un comportamiento determinado: ser buena y obediente. Esta concatenación queda grabada a fuego: si me comporto de forma obediente o amable (vamos, como una princesa), entonces me quieren.

En la vida adulta esa niña, como todas, sigue necesitando que la quieran (lo puedes substituir en el ámbito laboral por que la acepten, integren, valoren, etc.). Entonces es muy posible que, en determinadas circunstancias, en el entorno profesional, esa «niña adulta» muestre un comportamiento estilo «princesa» para evitar conflictos o para sentirse aceptada y parte del equipo.

Para acabar de rizar el rizo, un comportamiento de este estilo se percibe como la antítesis al liderazgo. Por tanto, es muy posible que se levante una barrera frente a esta mujer en lo que concierne a su carrera profesional.

Así de simple, así de complejo.

Cabe decir que los sesgos inconscientes tienen siempre una doble mirada: sesgos que yo me aplico a mí misma y sesgos que otras personas me aplican cuando se relacionan conmigo. Y ambos son tremendamente invalidantes.

Quiero contarte una vivencia personal que, como verás, contiene ambas miradas.

Recuerdo que tenía en torno a los cuarenta años cuando me invitaron a una cena de trabajo. En aquel entonces, yo ya ocupaba posiciones ejecutivas. En la mesa éramos ocho directivos (siete hombres y yo, la única mujer). Nos enfrascamos en una conversación sobre temas de negocio hasta que alguien preguntó: ¿tenéis hijos? Casi todos respondieron afirmativamente, muchos contaron qué cursaban sus hijos y comentaron lo poco que los veían. De pronto, todas las miradas se dirigieron a mí:

—¿Y tú, Mercè?

—Sí, tengo tres.

—¿Y cómo te organizas?

—Pues como tú, ¿no?

Silencio sepulcral...

—No es lo mismo, Mercè.

Respondió un colega y secundaron otros.

Para estos hombres, lo lógico y natural era que la mujer se volcase en la cría y cuidado de sus hijos. Es su función como mujer, su responsabilidad como madre. Es su modelo mental.

Para serte sincera, tengo que decirte que, a pesar de lo «trabajada» que ya estaba en aquel entonces, de que tenía a mi pareja, a mi padre y a mi madre apoyándome en la logística que supone viajar constantemente y cogestionar un hogar con tres hijos, no me escapé de sentir una punzada de incomodidad, de remordimiento, cuando percibí esas miradas reprobatorias. Era mi sesgo de «qué es ser una buena madre» en acción.

Quiero decirte algo con mucha contundencia: es preciso tener bien claro que no es posible no tener sesgos. Pensar que no los tenemos tiene un nombre: metasesgo. Que no es más que el sesgo de pensar que yo no tengo sesgos.

Verás, nuestra condición humana nos hace presuponer que somos muy racionales, que tomamos nuestras decisiones tras un proceso de análisis, pero en absoluto es así. Las personas tomamos de media unas 37.000 decisiones durante un día y tan solo un 5 % proceden del análisis. El resto, el 95 %, corresponden a la secuencia estímulo-reacción, es decir, que son respuestas totalmente automatizadas. Provienen de nuestros modelos mentales, esos en cuya base se encuentran los sesgos inconscientes.

¿Vislumbras cuán presentes están los sesgos en nuestro día a día y cuánto pueden estar condicionando nuestro desarrollo profesional?

Una vez asumido, podemos trabajar en dos dimensiones:

• Detectando sesgos que me aplico a mí misma.
• Detectando sesgos que las otras personas me aplican a mí.

La complejidad de realizar esta tarea es evidente, así que quiero proponerte un camino algo más sencillo, a la vez que efectivo, y que tiene que ver con la forma como se manifiestan los sesgos: los estereotipos.

Estereotipos

Si los sesgos inconscientes son modelos mentales de carácter individual (aunque pueden ser muy similares entre determinados grupos de individuos), un estereotipo lo podríamos definir como «un pensamiento común». Digamos que un estereotipo se origina a partir de un sesgo, tratándose de un pensamiento compartido por muchas personas. Los estereotipos sobre la mujer son, por tanto, ideas asumidas sobre sus características, actitudes y aptitudes, en los que la reflexión y la crítica en torno a su certeza tienen poca cabida.

Mientras estaba escribiendo el libro, pregunté a mis seguidores y seguidoras de Instagram que me dijeran estereotipos sobre la mujer. ¡La lista fue larguísima! Aquí te dejo unos cuantos:

- Si eres atractiva tienes más posibilidades de promocionarte.
- Las mujeres son muy emocionales.
- Priorizan cuidar de su familia antes que su carrera profesional.
- Son unas falsas. Piensan una cosa y dicen otra.
- No se les da bien estudiar ciencias.
- Las mujeres tenemos que escoger entre el desarrollo profesional o formar y sostener una familia.
- No saben trabajar con otras mujeres. Son malas entre ellas.
- Les cuesta tomar decisiones.
- Tienen dificultades para liderar, son muy blandas.
- Cuando son madres, dejan de liderar y pierden el foco.

- Son demasiado empáticas.
- Son muy dispersas.
- Las que lideran con decisión son unas soberbias.

Tremendo, ¿verdad? Lo que más me impacta cuando trabajo con los estereotipos es que hay personas que me dicen: «No, esto no es un estereotipo, esto es así de verdad». Para ilustrar el impacto tan significativo que pueden tener los estereotipos en nosotras, quiero contarte una vivencia personal.

Cuando empecé a asumir responsabilidades en el ámbito laboral también empecé a prestar atención, mucha atención, a mi imagen. Vestía impecablemente, casi siempre con trajes de marcas reconocidas y complementos a juego. Iba con mucha frecuencia a la peluquería, donde me hacía tratamientos de última generación. Me arreglaba las uñas de manos y pies, me daba masajes y tenía un entrenador personal para mantener en buen tono mi musculatura y mis curvas. Por la posición que ocupaba, a menudo tenía que acudir a eventos donde me autoexigía tener, nuevamente, una imagen impecable. Esto significaba dedicar tiempo y recursos a escoger el modelito adecuado, el que me hiciera sentir mejor en cada ocasión.

Sin darme cuenta, estaba sometiéndome a un estereotipo que me tenía prisionera: la mujer, para triunfar, tiene que cumplir con ciertos cánones estéticos.

No fue hasta al cabo de cierto tiempo, cuando fui madurando en lo profesional y en lo personal, que me di cuenta del derroche de energía que suponía mantener cierta imagen y de lo absurdo que era tanto sacrificio para obtener una aprobación externa.

Ese fue un momento trascendental para mí, un punto de inflexión. No fue fácil darme cuenta y menos aún gestionarlo. Pero mereció la pena. Rompí unos grilletes que me esclavizaban y recuperé una cantidad importante de energía que pude dedicar a otros aspectos mucho más importantes para mi desarrollo profesional. Pero, sobre todo, conecté de nuevo conmigo misma, con mi autenticidad y verdadero valor. Y eso fue un motor increíble para mi desarrollo. No dejé de ser presumida ni de cuidarme, pero logré hacerlo desde otro lugar. Un lugar que no comprometía mi libertad.

Creencias limitantes

Las creencias limitantes son otra tipología de barreras que pueden obstaculizar nuestro desarrollo profesional y que tienen que ver con nuestra percepción de la realidad.

Sostiene el historiador Yuval Noah Harari que existe una realidad real, como son las montañas, los ríos o las nubes, y otra realidad que es imaginada, como es, por ejemplo, el dinero.

De este modo, ¿qué es el dinero? ¿Los billetes que tengo en el monedero? ¿Las monedas que guardo en el bolsillo? ¿Un apunte electrónico en una cuenta bancaria?

Seguramente, todo a la vez, pero lo importante es que el dinero *es* porque tenemos la creencia de que existe, porque validamos su existencia.

Dicho de otro modo, y aunque parezca un juego de palabras, la realidad es *en realidad* solo un reflejo de lo que creemos real. Por tanto, cuanto más real consideremos una percepción, más actuará como tal en nuestra realidad cotidiana.

Vinculadas a la percepción de realidad subyacen las creencias, siendo afirmaciones, juicios y evaluaciones sobre nosotras mismas, sobre otras personas y sobre el mundo que nos rodea. Determinan el significado que le damos a los hechos y son la esencia de la motivación o de su ausencia.

Las creencias determinan nuestra forma de percibir, pensar y actuar. Por tanto, tienen una poderosa influencia sobre nuestras vidas. Pueden ser potenciadoras: creencias que nos ayudan a seguir adelante, a superar nuestros retos. Y también pueden ser limitantes, actuando como piedras en el camino, dificultando nuestro avance.

Tanto es así, que nuestras creencias pueden moldear, influir e, incluso, determinar nuestro nivel de salud, nuestra creatividad, la manera en que nos relacionamos y también nuestro grado de bienestar.

Puedes imaginarte las creencias como pequeños programas informáticos que diferentes programadores (entre ellos nosotras mismas) han ido instalando en nuestro cerebro sin nuestro consentimiento. Quizás en su día algunas creencias tuvieron su utilidad, pero si ahora ya no nos sirven o bien nos limitan, debemos desinstalarlas para poder seguir avanzando.

Existen tres tipos de creencias básicas que, por su frecuencia e impacto, merece la pena conocer.

* **Creencia sobre el resultado**

Esta creencia lleva asociado un estado de ánimo determina do: la desesperanza. Comporta pensar que el resultado que quisiéramos es imposible de alcanzar y, por tanto, provoca inmovilidad y resignación.

Imagínate que trabajas en una gran compañía, una empresa de largo recorrido, emblemática en su sector. Jamás ha sido presidida por una mujer y su consejo de administración está compuesto casi exclusivamente por hombres. Tienes una buena preparación académica y una larga trayectoria en el sector, pero estás convencida de que es imposible que una mujer llegue a liderarla. Es muy posible que tengas razón, pero también que estés atrapada en una creencia limitante.

Durante años fui miembro del consejo de una cámara de comercio, un consejo compuesto mayoritariamente por hombres. Se trataba de una institución de más de cien años de antigüedad jamás presidida por una mujer. En un momento dado presenté mi candidatura y salí elegida presidenta. Fue la secretaria general quien me hizo ver la posibilidad de romper ese techo de cristal y me insufló el coraje que necesitaba para abandonar la creencia de que era imposible que una mujer fuera su máxima representante.

- **Creencia sobre las propias capacidades**

Esta creencia se correspondería con la idea de que otras personas pueden, pero yo no soy capaz. Lo que se apodera de nosotras es la impotencia.

Me encanta la fábula del elefante encadenado (de autor o autora desconocido) que, en su momento, Jorge Bucay versionó. Te la resumo:

Una niña fue al circo con su padre y quedó maravillada con la fuerza de un elefante. Al salir de la carpa, la niña lo vio atado con una simple cuerda a una estaca. Le sorprendió que no se escapara, que permaneciera preso cuando era evidente que con un tirón lograría la libertad.

Curiosa, la niña preguntó a su padre por qué el elefante no se liberaba. El padre le contestó que el animal no creía ser capaz de lograrlo. Le contó que lo habían encadenado cuando era pequeño, que intentó escapar en múltiples ocasiones pero que solo conseguía lastimarse. Arraigó en él un profundo sentimiento de impotencia, de modo que, con el transcurrir del tiempo, dejó de intentarlo y, a pesar de que ahora tenía todo lo necesario para liberarse, ya no confiaba en que pudiera conseguirlo.

En los programas que realizo para impulsar el desarrollo profesional de la mujer, he visto esta creencia ejerciendo su limitación una y otra vez.

Recuerdo el caso de una mujer con muchas cualidades que estaba convencida de que no ocuparía puestos de responsabilidad dentro de su compañía porque no era capaz de hablar en público. Estaba técnicamente muy preparada, con habilidades comerciales, con un buen enfoque en resultados, con un liderazgo centrado en las personas. Vamos, un perfil muy completo. Pero con una creencia muy arraigada de su incapacidad para comunicar frente a un auditorio. Y no es que hubiera tenido una experiencia nefasta que la marcó, sino que, simplemente, se había negado siempre la oportunidad.

Fue precioso el proceso de confrontarla a su creencia sin fundamento y emocionante el día que, por fin, se enfrentó a su primera charla. Lo pasó mal, pero fue el detonante de una carrera exitosa.

• **Creencia sobre la desvalorización de una misma**
Para mí, la más profunda y desgarradora de las creencias. Aquí, la persona sabe que podría alcanzar determinado resultado, que tiene las cualidades y habilidades para que sea posible, pero en su fuero interno, se pregunta: ¿realmente me lo merezco?

Esta creencia tiene mucho que ver con lo que en la teoría de sistemas se llaman «fidelidades ocultas». Te lo cuento mediante un ejemplo.

Julia es una mujer formada y con experiencia en su ámbito de especialización. Ha tenido varias ofertas para promocionarse, pero en el último momento, siempre ha surgido algún inconveniente y las ha rechazado.

Paralelamente, contarte que Julia está felizmente casada con un hombre al que no le van tan bien las cosas. Es ambicioso, pero no acaba de despegar profesionalmente. Julia participó en una de mis formaciones, donde tomó consciencia de una creencia limitante que la dominaba: una buena esposa no debe hacer sombra a su marido. O, dicho de otro modo, si supero a mi marido no voy a ser merecedora de su amor. Tremendo, ¿verdad?

Como el anterior, fue muy potente el proceso de esta mujer: tomar consciencia de su creencia limitante, hacer acopio del coraje necesario para tener una conversación profunda y reveladora con su pareja, aceptar que sí era merecedora del éxito profesional y asumir un nuevo reto. Un ejemplo de superación. ¡Enhorabuena, Julia!

Propuesta para ti

El paso previo indispensable para saltar una barrera es, precisamente, detectar que existe.

A continuación, voy a proponerte un ejercicio que, si lo haces a consciencia, te ayudará a desvelar posibles sesgos o creencias que puedan estar obstaculizando tu desarrollo profesional.

Es importante que estés en un lugar tranquilo, sin que nadie te interrumpa durante los próximos cuarenta y cinco minutos. Tómate tu tiempo para desconectar de lo que estabas haciendo. Si te apetece, haz unas cuantas respiraciones, enciende una vela, ponte una música que te relaje..., lo que a ti te funcione para crear un ambiente íntimo y acogedor.

Ten a mano algo para escribir que no sea ni un móvil ni un ordenador. Es mucho mejor hacer este tipo de ejercicios mediante escritura manual; la reflexión es más profunda y la información queda mejor codificada en nuestro cerebro. Empezamos.

Lee atentamente la primera pregunta y respóndela sin prisas y con el mayor detalle posible. Cuando hayas finalizado, pasa a la segunda y así sucesivamente.

1) ¿Cuáles son mis tres mayores frustraciones en la vida? Contesta desde la óptica de ser mujer.
2) Mírate desde arriba, como si estuvieras en un helicóptero. ¿Qué estoy intentado hacer en esta etapa de mi vida? ¿Cuál es la encrucijada en la que me encuentro? ¿Qué es lo que quiero conseguir?
3) ¿Qué me está frenando?
4) ¿Qué me está faltando?
5) ¿Qué me está sobrando?

Da respuesta por escrito a todas y cada una de las preguntas. Cuando acabes, cierra la libreta o dobla la hoja de papel y deja reposar unos minutos esta información.

Coge de nuevo el documento y, tranquilamente, léelo subrayando aquellas cosas que más te llamen la atención.

Una vez hayas finalizado la lectura, analiza lo que has destacado. Hazlo con la curiosidad de una investigadora, sin ponerle juicio. Mira qué hay detrás de tus palabras, qué sesgos o creencias pueden estar ahí agazapadas.

En un mundo que va tan deprisa como el nuestro, necesitamos pararnos a observar en qué automatismos andamos metidas (acuérdate de que el 95 % de nuestras decisiones no tienen un proceso de razonamiento detrás); solo así conseguiremos desenmascarar sesgos y creencias que nos puedan estar limitando.

Recuerdo una época muy concreta de mi vida. Hacía poco tiempo que había empezado a dirigir un equipo grande, más de cien personas. Viajaba constantemente y mis tres hijos eran todavía pequeños. De vez en cuanto, tenía dolores intensos y mi período se alargaba de forma exagerada. Me encontraba mal, pero no podía permitirme el lujo de parar. Hasta que la vida lo hizo por mí. Un mediodía el dolor era tan intenso que no tuve más remedio que ir de urgencias al hospital. Me hicieron una ecografía y me detectaron un tumor de tres centímetros en un ovario. La doctora me dijo que quería ver de qué se trataba, que me quedara ingresada para hacerme las pruebas. Firmé el alta voluntaria y me fui. Tenía una reunión importante al cabo de una hora...

Por la noche, ya en casa, me cogió lo que yo llamo «un ataque de sensatez». «Mercè, ¿qué estás haciendo?», me pregunté a mí misma. Como si estuviera sobrevolándome con un helicóptero, me vi corriendo de un sitio para otro, como pollo sin cabeza. Hacía, hacía sin parar, y no me permitía escucharme ni atender mis necesidades. Lo importante era hacer y demostrar lo mucho que valía. Me dio mucha tristeza constatar hasta qué punto me había desconectado de mi esencia femenina, hasta qué punto me había olvidado de mí.

Ese detenerme y observarme me ayudó a descubrir una creencia que tenía muy arraigada, algo que siempre había estado muy presente en la relación con mis padres: solo si trabajas incansablemente lo conseguirás. Fue muy sorprendente para mí darme cuenta de esa dinámica en la que estaba metida e indispensable para poder empezar a hacer las cosas de una forma distinta.

Te animo encarecidamente a que realices el ejercicio con entrega y sinceridad. Como en mi caso, puede ser muy transformador lo que descubras.

En el próximo capítulo quiero hablarte de unos comportamientos prototípicos que llamamos «síndromes» y que tienen su raíz en los sesgos y las creencias limitantes. ¡Seguimos!

3.
Boicoteadores en la carrera profesional de la mujer

Los sesgos, los estereotipos y las creencias limitantes son los responsables de generar unos comportamientos prototípicos llamados «síndromes». Son mecanismos altamente limitantes que merece la pena conocer en profundidad para poder neutralizar su efecto nocivo.

Veamos cuál es su mecanismo de funcionamiento, cómo detectarlos y cómo gestionarlos a fin y efecto de que no boicoteen nuestro desarrollo profesional.

El síndrome de la impostora

Cuando estaba en pleno desarrollo profesional, el comité de talento de la empresa donde estaba trabajando me escogió para participar en un seminario de Aspen Institute.

Aspen Institute es una fundación nacida en Estados Unidos que se dedica a promover el liderazgo basado en valores y la reflexión sobre aspectos críticos para el futuro de la sociedad.

En un entorno privilegiado, un grupo reducido de personas debatíamos sobre distintas temáticas relativas al desarrollo de la humanidad.

Un mediador del proceso de paz entre Israel y Palestina, una activista dedicada a defender los derechos de la mujer en Irán, la mano derecha de una persona que al cabo de poco tiempo fue primer ministro en Francia, un pianista de reconocido prestigio internacional, una alta ejecutiva de un banco global... y ahí estaba yo, en medio de tanto talento abrumador.

El primer día no abrí la boca, me preguntaba una y otra vez: «¿Qué pinto yo en medio de este talentoso elenco?». Era el síndrome de la impostora haciendo de las suyas.

Por la noche, ya en la habitación del hotel, me tumbé en la cama derrotada. Pero, como me suele suceder, me visitó la sensatez y me incitó a tomar una decisión: soy la que soy y si me han escogido será por algo. Así que fuera complejos y a disfrutar de esta ocasión única.

Tengo que decirte que, a partir del segundo día, disfruté enormemente y que todavía conservo amistad con varias de las personas participantes.

¿Qué es el síndrome de la impostora?

El síndrome de la impostora es un fenómeno psicológico que provoca que las personas sientan que nunca se encuentran a la altura de las circunstancias y que les dificulta aceptar que merecen lo que han obtenido como fruto de sus habilidades y talentos.

La expresión fue acuñada por primera vez por las psicólogas Pauline Clance y Suzanne Imes en 1978, en un artículo titulado «The imposter phenomenon in high achieving women: Dynamics and therapeutic intervention», fruto de su extensa investigación.

Es interesante que inicialmente el síndrome se estudió en el grupo mujeres para luego ampliar el espectro también al grupo hombres. Se descubrió que era un fenómeno muy habitual, lo sufre a lo largo de su vida en torno al 70 % de la población. Lamentablemente, el informe ampliado constató que afecta sobre todo a las mujeres.

El síndrome se puede padecer de forma puntual (porque hemos cambiado de trabajo o nos enfrentamos a un nuevo reto) o bien de forma permanente, cuestionando sistemáticamente nuestras capacidades.

Sea como sea, es importante aprender a detectarlo y a gestionarlo, pues es un gran detractor de nuestro desarrollo profesional.

Recuerdo nítidamente lo que aconteció cuando participé en una mesa redonda sobre el desarrollo profesional de la mujer organizada por el Tecnológico de Monterrey, una prestigiosa universidad privada mexicana. Una de las participantes era una reconocida investigadora, especializada en nanotecnología aplicada a la seguridad y salud tanto laboral como medioambiental.

Contó sobre su trayectoria profesional y sobre las investigaciones en las que había estado participando. A mí me pareció de lo más interesante todo lo que compartió.

Por mi parte, en mi turno de palabra, expliqué el síndrome de la impostora y cómo afecta a la mujer, a su bienestar y a su desarrollo profesional.

Días más tarde del evento, la investigadora se puso en contacto conmigo. Quería agradecerme el haberle puesto nombre a un sufrimiento que llevaba soportando desde hacía mucho tiempo. Me contó que, muy a menudo, era la única mujer en equipos de investigación y que siempre le asaltaba la incómoda sensación de no estar a la altura de sus compañeros. Me dijo que el tomar conciencia de que era algo habitual entre las mujeres le había aligerado mucho el sufrimiento.

Contarte que yo la había percibido como una excelente profesional. Me produjo mucha tristeza constatar que detrás de esa imagen tan potente se escondiera la inseguridad y la desconfianza hacia sus propias capacidades y todo el padecimiento que ello entraña.

¿Cuáles son sus causas?

Este síndrome no tiene una única causa, sino que puede ser el fruto de distintas circunstancias.

Uno de los aspectos que lo fraguan tiene que ver con vivencias de nuestra infancia. Quizás de peques tuvimos un entorno muy exigente que nos generaba la sensación de que no éramos suficiente. Por ejemplo, si sacábamos un ocho de nota en un examen igual al llegar a casa nos decían: «Si te hubieras esforzado un poquito más, seguro hubieras sacado un nueve».

O, por el contrario, crecimos en un contexto donde constantemente oíamos reproches del tipo: «Déjala, si es que por mucho que se esfuerce no hay manera»; «Te lo he repetido mil veces, pareces tonta»; «Como sigas así no vas a llegar a ninguna parte», etc.

Estas vivencias de la infancia nos quedan grabadas en el inconsciente y pueden traducirse en boicoteadores en la edad adulta expresados, por ejemplo, mediante el síndrome de la impostora.

Por otro lado, las personas perfeccionistas, las detallistas, las que tienen una autoexigencia muy elevada, son mucho más susceptibles de sufrirlo.

Otro motivo que puede alimentar el síndrome es la idea que podamos tener sobre el éxito y el fracaso. Idealizar el éxito o demonizar el fracaso son elementos que nos tensionan constantemente y que nos abocan a autoexigirnos de forma desmesurada y a compararnos todo el tiempo, con el desmerecimiento hacia una misma que puede conllevar.

¿Cómo se manifiesta?

La manifestación de este síndrome tiene que ver con la inseguridad, la autoexigencia y la frustración.

Se expresa mediante la duda en una misma, un perfeccionismo desmesurado o un temor irracional al error, al fallo, a decepcionar.

Lo peor de todo es que acaba generando altas dosis de estrés y ansiedad que pueden derivar en patologías más graves.

Habitualmente se establecen cinco categorías para explicar la manifestación del síndrome de la impostora. Veamos:

- **Perfeccionistas.** Este subgrupo engloba a todas aquellas mujeres que colocan muy alto las expectativas sobre sí mismas. Digamos que, cumpliendo el 99 % de sus metas, se obsesionan y castigan por ese 1 % que no han cumplido.
- **Expertas.** Este perfil corresponde a mujeres que «coleccionan» reconocimiento externo plasmado en certificaciones, títulos, etc. Al no sentirse nunca suficientemente competentes, siguen buscando y atesorando nuevas capacitaciones.
- **Genia natural.** Describe a mujeres que, a pesar de haber alcanzado un reto, si el lograrlo les ha requerido esfuerzo, se infravaloran porque consideran que el esfuerzo denota que «en realidad no soy tan buena» porque se han tenido que esforzar.
- **Individualista.** Es esa necesidad que sienten algunas mujeres por hacerlo todo ellas, sin pedir ayuda. Tienen mucha dificultad en delegar y mucha facilidad en absorber todo tipo de tareas. En esta conducta se esconde un miedo irracional a que puedan descubrírseles incompetencias.
- ***Superwoman.*** Esta puede que sea la manifestación más extenuante de todas. Sitúa el nivel de autoexigencia en cotas muy elevadas y en todas las facetas de la vida. De

alguna manera, la mujer persigue triunfar en todos y cada uno de los ámbitos que componen su día a día: excelente profesional, pareja, hija, madre, hermana, amiga, etc. Necesita imperiosamente brillar en cualquier cosa que se proponga llevar a cabo.

Una mujer a la que le tengo mucha estima es licenciada en Economía y en Derecho. Trabaja en una multinacional, en asesoría jurídica. Se defiende perfectamente en inglés y atesora una larga experiencia en su sector. Me contó que le habían propuesto hacerse cargo del Departamento Internacional de Asesoría Jurídica, pero que había declinado la oferta. Les dijo que primero necesitaba hacer un máster para asentar sus conocimientos y que lo haría en inglés para afianzar el idioma. Nuevamente, el síndrome de la impostora haciendo de las suyas.

Como colofón contarte que, según un conocido informe de la empresa Hewlett-Packard, un hombre se presenta a una promoción cuando considera que cumple con el 60 % de los requisitos, mientras que una mujer se lo piensa aun cumpliendo el 100 % de lo requerido. ¡Pues eso!

¿Cómo influye padecer este síndrome en mi desarrollo profesional?

El síndrome de la impostora actúa como un inhibidor en el desarrollo profesional de muchas mujeres. Así, el hecho de minusvalorarse se traduce en una presión innecesaria que, a menudo, acaba por drenar la energía que debería ser empleada en progresar.

Del mismo modo, nace una necesidad de compararse continuamente, anhelando unas cualidades que, ni por asomo, suelen ser requeridas.

Las mujeres que perciben su realidad de este modo dejan de asumir retos y van renunciando a sus aspiraciones. Se apodera de ellas el miedo a defraudar y a defraudarse, alimentando una espiral de frustración que, a su vez, las va alejando más y más de su desarrollo profesional.

Cómo detectar si sufro el síndrome de la impostora

A continuación, encontrarás una serie de afirmaciones que te ayudarán a detectar si sufres el síndrome de la impostora.

Lo ideal es que realices esta prueba en un momento tranquilo y sin interrupciones.

Después de cada afirmación, intenta responder aquello que más se acerque a lo que sientes en estos momentos.

Ten presente que la mejor respuesta es siempre la primera, la que nos sale espontáneamente, sin aplicarle demasiado discurrir mental.

Empezamos:

TEST PARA DETECTAR EL SÍNDROME DE LA IMPOSTORA

1. *Siento esa desagradable sensación de que soy un fraude, de que no soy tan buena como las demás personas creen que soy.*
   a. Con frecuencia.
   b. De vez en cuando.
   c. Nunca.

2. *Me da pavor que, cualquier día, descubran quién soy realmente.*
   a. Con frecuencia.
   b. De vez en cuando.
   c. Nunca.

3. *Cuando me alaban, me da cierta vergüenza. Creo que en el fondo no me lo merezco.*
   a. Con frecuencia.
   b. De vez en cuando.
   c. Nunca.

4. *Siento que he llegado hasta donde he llegado por mi buena imagen o por la suerte.*
   a. Con frecuencia.
   b. De vez en cuando.
   c. Nunca.

5. *Tengo la sensación de no estar todavía del todo preparada para dar un empujón a mi carrera profesional, que todavía me falta aprender algo más.*
   a. Con frecuencia.
   b. De vez en cuando.
   c. Nunca.

---

6. *Lo mío es la excelencia. Creo que las tareas que hago tienen que estar perfectas.*
   a. Con frecuencia.
   b. De vez en cuando.
   c. Nunca.

7. *Prefiero no delegar. Creo que el resultado no será tan bueno si no lo hago yo misma.*
   a. Con frecuencia.
   b. De vez en cuando.
   c. Nunca.

8. *Dedico tantas horas como sea necesario a mi trabajo. Lo importante es hacerlo bien.*
   a. Con frecuencia.
   b. De vez en cuando.
   c. Nunca.

9. *Me siento más cómoda sin pedir ayuda. Considero que tengo que conseguirlo con mis propios medios.*
   a. Con frecuencia.
   b. De vez en cuando.
   c. Nunca.

Ahora suma tus respuestas, el número de *a*, de *b* y de *c*:

Si tu resultado es una mayoría de *c*, ENHORABUENA, el síndrome de la impostora no es una barrera para tu desarrollo profesional.

Si tu resultado es una mayoría de *b*, tienes un síndrome de la impostora moderado. Toca cuidar esa autoestima para no dejar pasar oportunidades.

Y si tu resultado es una mayoría de *a*, atención porque el síndrome se manifiesta a menudo en tu vida profesional.

Si estás dentro del enorme porcentaje de mujeres que sufre de forma ocasional o recurrente el síndrome de la impostora, te invito a que le eches un vistazo a la propuesta que encontrarás a continuación.

Y como le dije a la investigadora que te mencionaba anteriormente: Siempre hay margen de mejora, por supuesto. Pero deja de castigarte y entrega tus dones sin complejos. ¡El mundo necesita tu talento!

Propuesta para ti

Es tan frecuente y limitador el síndrome de la impostora que merece la pena detenerse e investigar si realmente lo sufrimos y, en caso afirmativo, dar los pasos necesarios para erradicarlo o, como mínimo, atenuar sus efectos.

Aquí tienes una propuesta en nueve pasos que engloba desde la toma de consciencia a la acción. Te sugiero que busques un momento tranquilo para realizar este ejercicio y que lo hagas sin prisas y con mucha sinceridad.

¿Empezamos?

* **Toma consciencia de tu saboteadora interna.** El primer paso para gestionar un obstáculo o barrera es siempre tomar consciencia de que existe. Si no lo has hecho todavía, te recomiendo que realices el test que encuentras en el apartado «Cómo detectar si sufro el síndrome

de la impostora» y veas cómo de presente está en ti este síndrome.

- **Relativiza.** Para aligerar la carga y facilitar la gestión del síndrome, es necesario que interiorices que NO solo te pasa a ti, sino a un porcentaje muy elevado de mujeres. ¿Sabías que Michelle Obama, Jennifer López y Emma Watson confiesan haberlo sufrido?
- **Contrasta.** Pregunta a mujeres que admiras, a referentes para ti, si han padecido o padecen el síndrome de la impostora. ¡Te va a sorprender la respuesta!
- **Reconoce tus méritos.** A menudo no damos el suficiente reconocimiento a lo que ya hemos conseguido. Dar valor a nuestro recorrido alimenta nuestra autoestima. En este sentido, te animo a que hagas el ejercicio que propone la «Guía para trabajar mi autoconfianza» que encontrarás en el apartado de «Recursos y herramientas».
- **Conócete a ti misma.** Detecta tus áreas de mejora y profundiza en tus fortalezas. Pon el foco en aquello que ya es una habilidad desarrollada en ti. Si no tienes claro cuáles son tus cualidades más destacadas, pregunta a las personas que te conocen y que te aprecian.
- **Deja de compararte.** ¿Por qué esa obsesión en focalizarnos en lo que nos falta? Si esto te estimula a crecer, ¡adelante!, pero si te causa desasosiego, es preciso cambiar la mirada. Échale un vistazo a la «Guía para dejar de compararme y practicar la gratitud» y descubrirás cómo conseguirlo.
- **Fíjate metas realistas.** Si tienes un objetivo ambicioso, divídelo en submetas para hacerlo más digestivo. Salir de

la zona de confort poco a poco, sin desbordarnos, es imprescindible para que nuestros retos se hagan realidad.

- **Construýete una red de apoyo.** Las mujeres, ancestralmente, crecíamos con el soporte de la comunidad, en sororidad. En tiempos tan acusadamente racionales como los que vivimos, el individualismo ha cortado de raíz esta práctica. Te invito a que la retomes:

  a. Comparte tu inseguridad con mujeres de tu confianza. Está demostrado que las emociones, cuando se manifiestan, tienden a diluirse.

  b. Búscate una mentora. Una mujer que ya haya recorrido ese mismo camino que tú quieres recorrer, puede ser una potente aliada.

  c. Participa en un círculo de mujeres. La energía que se genera en un círculo es muy transformadora.

- **Elabora un plan de acción.** No hay nada más efectivo para canalizar nuestra energía que tener claro aquello que queremos conseguir. Una vez puesto el foco, lo que sigue es puro método. Échale un vistazo a la propuesta de plan de acción que encontrarás en el capítulo 9.

Como te he ido indicando, en el apartado de «Recursos y herramientas», encontrarás material que puede ayudarte a superar el síndrome de la impostora. Te animo a que le eches un vistazo a las guías y, sobre todo, a que las pongas en práctica. Ya sabes cómo se detonan los cambios: ¡mente, corazón y ACCIÓN!

Síndrome de la carga mental

De la misma forma que el síndrome de la impostora, el síndrome de la carga mental también lo sufren un porcentaje muy elevado de personas, específicamente de mujeres. Tiene que ver con esa sobrecarga cognitiva y emocional derivada del reparto desigual de tareas y responsabilidades. Acontece en el ámbito profesional, pero tiene su máxima expresión para las mujeres en el ámbito doméstico.

Dicho de otra forma, el término «carga mental» hace referencia a un peso invisible que se genera por el esfuerzo mental constante que conlleva ser la persona responsable de que todo fluya en casa. Esto no implica que no haya un reparto de tareas, sino que la responsabilidad de pensar y coordinar lo que requieren las necesidades domésticas y de cuidado recaigan en una única persona. Y, como imaginas, esta persona suele ser la mujer.

Profundicemos algo más. Recordarás que hemos hablado de la esfera pública, ese lugar donde se realiza la actividad profesional y que tradicionalmente ha sido habitada por los hombres. También hemos hablado de la esfera privada, representada por el entorno doméstico y donde la presencia de la mujer ha sido hegemónica. Así mismo mencionábamos que en las últimas décadas ha habido una incursión masiva de la mujer en la esfera pública pero, por el contrario, los hombres han incursionado en una significativa menor medida en la esfera privada.

La consecuencia más inmediata de este trasvase desproporcionado es la doble jornada a la que se enfrentan multitud de mujeres con el consecuente desgaste emocional y cognitivo que provoca. Esta es, precisamente, la raíz del síndrome de la carga mental.

Analicemos.

¿Realmente las mujeres dedican más tiempo que los hombres a las tareas domésticas y de cuidado? Pues, a tenor de lo que arrojan las cifras, efectivamente así es.

Según el Instituto Nacional de Estadística de España, las mujeres dedicamos veinte horas semanales a labores domésticas mientras que los hombres dedican once horas.

En lo concerniente al cuidado o la educación de los hijos, el reparto está en treinta y ocho horas las mujeres y veintitrés horas los hombres.

Y, si nos centramos en el cuidado de familiares enfermos, nuevamente las mujeres tenemos mayor implicación con veinte horas de media semanales frente a las catorce de ellos.

Otro dato que refrenda la mayor dedicación de la mujer al cuidado de la casa y los familiares es el porcentaje de mujeres que optan por la reducción de jornada.

Según la EPA (Encuesta de Población Activa), del total de personas ocupadas a tiempo parcial por tener que atender a menores o adultos dependientes, el 93 % son mujeres. O sea, que tan solo el 7 % de reducciones de jornada por esta causa son solicitadas por hombres.

Se miren como se miren, los datos arrojan una conclusión contundente: las mujeres seguimos ocupándonos en mayor medida del cuidado del hogar y de las personas dependientes, aunque hayamos dado el paso de trabajar (también) fuera de casa.

Por supuesto que cada vez más hombres se suman a la realización de tareas en el hogar y al cuidado de la prole, pero seguimos siendo nosotras quien mayoritariamente las organiza y asigna. Y esto desgasta, y mucho.

Y, déjame que te diga, tampoco lo tienen del todo interiorizado nuestros hijos e hijas. Al menos los míos.

Recuerdo el día en que tomé plena consciencia de lo que te estoy contando. En un ataque de realismo percibí lo maravillosamente ayudadora que es mi familia y lo mucho que todavía recaía en mí la organización de lo doméstico.

Era una época de mi vida muy exigente. Carrera profesional en pleno desarrollo, viajando muy a menudo y con dos hijos y una hija saliendo de la adolescencia. Ese día era un domingo de un fin de semana como cualquier otro. Entrada la tarde me senté, por fin, en el sofá. Al día siguiente tomaba un avión temprano, así que me había pasado un buen rato organizando toda la semana.

De pronto pensé: «¿Por qué estoy yo organizando la compra, la limpieza y listando las tareas que tiene que hacer esta semana la persona que nos ayuda en casa? Yo no he elegido esta responsabilidad. ¿Por qué la estoy asumiendo?». Sin más, convoqué a toda la familia a una «reunión» antes de cenar y les planteé estas mismas preguntas. Su sorpresa fue mayúscula y sus respuestas de lo más reveladoras. Mis hijos e hija: «Mamá, pues no lo hagas. ¡Dinos lo que tenemos que hacer y lo hacemos!». Y mi pareja: «Cariño, pues claro, dime de qué quieres que me encargue yo».

Me dio mucha ternura comprobar cómo de lejos estaban de mi realidad, pero cuánto querían aproximarse. Y también me impactó constatar lo profundamente enraizado que todavía está el estereotipo de género en nuestra cultura. De este modo, la responsabilidad de la mujer es que lo privado funcione, y punto. Y si hay que ayudarla, se le ayuda, y punto. No vamos mucho más allá, de momento.

Vivimos en una sociedad «formalmente igualitaria» en la que la mayoría de las personas apoyamos la igualdad entre hombres y mujeres. Tanto es así que, como muestran diversas encuestas, muchas personas creen que ya está conseguida. Y esto, ni de lejos, es cierto.

Esta percepción nace del hecho de haber erradicado las leyes que discriminaban a la mujer y de la penalización que ejercemos sobre las manifestaciones públicas que abogan por nuestra inferioridad. Hoy en día, a nadie se le ocurre decir: «Mujer quédate en casa, que ese es tu lugar» o «No te metas en nuestras conversaciones de hombres». Digamos que, como sociedad, hemos hecho un buen trabajo con lo evidente, pero nos queda camino por recorrer para zanjar las sutilezas discriminatorias.

Si queremos avanzar en nuestro desarrollo profesional sin que se convierta en algo extenuante, necesitamos erradicar el síndrome de la carga mental. Y, para ello, el trabajo que toca realizar es muy sutil.

Se trata de desenmascarar la creencia que subyace de que, como ya hay igualdad, cualquier acción que la mujer lleva a cabo es fruto de su libre elección.

Si nos circunscribimos al trabajo doméstico, puede darse la errónea conclusión de que las mujeres elegimos respon sabilizarnos del hogar y del cuidado, y, si lo precisamos, delegamos parcialmente o bien pedimos ayuda.

¿De verdad? ¿No será, más bien, que no somos libres de eludir esa responsabilidad impuesta? ¿Que está tan profundamente inculcada que a unas nos cuesta soltarla y a otros asumirla?

Sigamos.

¿Cómo influye padecer este síndrome en mi desarrollo profesional?

Claramente se trata de una desventaja competitiva. Porque si estamos sumando a la jornada laboral horas de gestión doméstica y de cuidados, estamos restando horas al descanso, al disfrute, a la formación o al cultivo de una misma. Y, si esto es sostenido en el tiempo, evidentemente nuestro rendimiento laboral se va a resentir.

Súmale también ese mito generalizado de la multitarea. Está bien poder realizar varias cosas a la vez, pero hay que tener en cuenta que dicha habilidad nos resta foco (profundidad y concentración), a la vez que nos genera mayor desgaste energético. Y ya sabes que a mayor desgate, más estrés que puede derivar, a su vez, en ansiedad o depresión.

Cómo detectar si sufro el síndrome de la carga mental

Intenta responder con total sinceridad a la siguiente pregunta: ¿tienes la dichosa manía de hacer listas con las cosas que tienes pendientes de hacer?

Si la respuesta es sí, entonces tengo que decirte que sufres el síndrome.

¡Así de sencillo es el diagnóstico!

Disculpa si te ha parecido demasiado frívola esta forma de diagnosticar el síndrome de la carga mental, pero es que es tan acertada... Lo he constatado una y otra vez en los acompañamientos que realizo a mujeres que quieren desarrollarse profesionalmente.

Más allá de lo dicho, te propongo que reflexiones con calma en torno a las cuestiones que te planteo a continuación. Léelas una a una y anota en un folio tus conclusiones. Aquí te las dejo:

- Me cuesta encontrar tiempo para mí.
- Estoy agotada de tantas cosas que tengo en la cabeza.
- Me cuesta delegar y compartir las tareas con mi pareja.
- Tengo la sensación de tener un listado de cosas por hacer que nunca se acaba.
- Tardo menos en hacer una tarea que en explicarla.
- Soy yo quien gestiona qué tareas hace cada persona en casa.
- Siento que el trabajo que hago en casa muchas veces es invisible.

Si te sientes identificada con la mayoría de estas afirmaciones, el síndrome de la carga mental está presente en tu día a día.

Una de cada cuatro mujeres lo sufre, así que estamos hablando de algo que va más allá de ti y de mí; estamos frente a una realidad de grupo. Esto significa que su gestión es compleja. Por un lado, requiere una actuación colectiva, del conjunto de la sociedad. Y, por otro lado, requiere un trabajo individual, de cada una de nosotras.

Profundicemos en esta segunda mirada, en el trabajo que podemos realizar cada una de nosotras para atenuar las consecuencias de este síndrome.

¿Cómo puedo gestionar el síndrome de la carga mental?

Siendo un tema de múltiples aristas, el abordaje de su gestión también requiere ser hecho desde distintas perspectivas.

Si estamos hablando de que es algo que afecta a nivel de pareja, entonces no hay más remedio que plantear abiertamente la cuestión con ella.

Como dice Sheryl Sandberg, alta directiva estadounidense y autora de *Vayamos adelante*: «Necesitamos que nuestra pareja sea nuestro aliado en nuestro desarrollo profesional». Sugiere abordar sin miedo lo tocante a la corresponsabilidad, hablar abiertamente sobre el reparto igualitario de tareas domésticas y el cuidado de familiares dependientes, y compartir sin tapujos la carga mental. Y si la pareja no atiende a razones o la discrepancia es excesiva, tomar las decisiones que correspondan.

Otra perspectiva para trabajar este síndrome es centrarnos en aquello que solo dependa de nosotras. Y aquí te sugiero tres líneas de actuación:

* Aceptar que no somos supermujeres, que nuestras capacidades no son ilimitadas.
* Priorizar y elegir.
* Delegar.

Las tres líneas tienen en común la necesidad de soltar y la aceptación de que las cosas pueden hacerse de diferentes maneras, y que si yo lo hago no estará mejor necesariamente.

Me di cuenta de la importancia de «soltar» y «aceptar» cuando oí por casualidad un fragmento de conversación entre dos de mis hijos. Te pongo en contexto.

Los fines de semana la persona que nos ayuda en casa descansa. Así, cada uno se hace la cama y arregla su habitación. De forma inconsciente, casi automática, tenía la costumbre de retocar las camas. Ya sabes, pasar la mano para alisar alguna arruguita o recolocar los cojines. Esto pasaba hasta que escuché a mi hijo que le decía a su hermano: «No sé cómo hacerlo; por mucho que me esfuerce, mamá siempre considera que mi cama no está suficientemente bien hecha». Me quedé perpleja. ¿Por qué esa terquedad en que las camas tenían que quedar según mi criterio? Y más allá, ¿cómo iban mis hijos a tomar la iniciativa de asumir más tareas y responsabilidades si se sabían siempre cuestionados?

En un momento me di cuenta de la necesidad de soltar la perfección, de imponer mi criterio, de supervisar, y empecé a priorizar y a delegar sin juicio ni remordimiento.

Propuesta para ti

Por su relevancia, nos hemos centrado en la carga mental contextualizada en el entorno doméstico, pero no hay que perder de vista que en nuestro día a día laboral también podemos estar sometidas a una sobrecarga cognitiva y emocional por exceso de trabajo o responsabilidades.

Así que lo que te propongo a continuación es una mirada global a nuestra carga mental y que pongas en marcha todo aquello que solo dependa de ti y que te puede ayudar a minimizar el síndrome.

Empezamos.

Durante una semana entera, obsérvate a ti misma y haz una lista de todas las tareas que haces, de la más relevante a la más ínfima, tanto en tu entorno laboral como doméstico.

La información que vayas recogiendo clasifícala según los siguientes criterios:

• Tareas que, necesariamente, tengas que hacer tú y tareas que podrían hacer personas que te rodean. Recuerda, en casa o en el trabajo.

- Tareas en las que que sientas que agregas valor y te ayudan en tu avance.

Transcurridos los siete días, coge las listas y analízalas. A continuación, activa tu determinación y responde a las siguientes cuestiones:

- ¿Qué tareas voy a continuar haciendo y qué tareas voy a soltar?
- ¿Qué tareas voy a delegar? ¿A quién?
- ¿Qué tareas voy a priorizar? (Aquellas que realmente me agregan valor).

En el apartado de «Recursos y herramientas» encontrarás una guía para la gestión del tiempo que también puede ayudarte en la mitigación del síndrome de la carga mental.

Síndrome de la abeja reina

Cambiamos de tercio y nos centramos ahora en otro síndrome que nada tiene que ver con los anteriores. Por un lado, el número de mujeres que lo sufren es mucho menor y, por otro, afecta a la propia persona, pero muy especialmente a las mujeres que la rodean.

Se plasma en el comportamiento de mujeres que, ocupando cargos de responsabilidad, tratan a las mujeres de sus equipos de manera más crítica y exigente que a sus homólogos masculinos.

A priori, una abeja reina puede parecer tan solo una mujer altamente competitiva, con un ego superlativo o una ambición considerable. Pero, si observamos con más detenimiento, nos daremos cuenta de que hay algo más:

• Habla de forma despectiva de otras mujeres.
• Tiene un comportamiento pasivo-agresivo con ellas.
• Las juzga con mayor dureza que a los hombres.
• No tolera ninguna diferenciación de género (coquetería, llanto, etc.).
• Ve a las otras mujeres como rivales, nunca como aliadas.
• No se presta a ayudarlas en su desempeño profesional ni en su promoción.
• Ejerce presión psicológica y daño emocional en otras mujeres.

Sin duda, en la gestación de una abeja reina confluyen variables de tipo personal y también contextual.

Lo personal está vinculado, en buena medida, con las vivencias de la adolescencia y el aprendizaje de patrones conductuales poco saludables.

Lo contextual tiene que ver con entornos muy alfas, que han exigido a la abeja reina un buen número de renuncias y una cierta masculinización.

A menudo, las mujeres de su equipo la confrontan con

esa realidad dolorosa cargada de sacrificios que no quieren mirar de frente y, por supuesto, no tolera sentirse amenazada en su estatus ni cuestionada por su forma de liderar. Para las mujeres que trabajan cerca de una abeja reina el sufrimiento es notable. Por un lado, por la propia presión y desprecio que ejerce sobre ellas y, por otro, por sentirse traicionadas por una «igual». Me refiero a ese sentir que he escuchado en boca de muchas mujeres víctimas de una abeja reina: «Lo que más me duele es que sea una mujer la que me trate así».

Estamos analizando desde la perspectiva de que la otra mujer sea una abeja reina, pero cabe preguntarse: «¿Y yo? ¿Soy una abeja reina?»

Para respondernos con sinceridad a esta cuestión, podemos reflexionar en torno a estas afirmaciones y calibrar cuán alineadas están con nuestra forma de pensar.

- Vestir excesivamente femenina en el trabajo no es adecuado.
- Me crispa cuando otras mujeres anteponen sus situaciones personales a la responsabilidad laboral.
- No soporto que las mujeres se muestren vulnerables o sensibleras.
- Trabajo mucho más cómoda con hombres que con mujeres.
- Si una mujer quiere promocionarse, tiene que ganárselo como lo he hecho yo.

Supongo que ya intuyes lo que sigue... Si mayoritariamente te identificas con estas aseveraciones, de bien seguro late en ti una abeja reina.

¿Cómo tratar con una abeja reina?

Si te toca lidiar con una abeja reina, puedes echar mano de dos habilidades.

Por un lado, de la empatía. Contempla su realidad y conecta con ese sufrimiento que la obliga a vestirse del personaje maléfico que la encorseta y condiciona. Entender el porqué de su forma de actuar nos ayuda a sobrellevar su envite y, de alguna manera, disminuye el grado de presión que ella misma se impone al no sentirse juzgada.

Por otro lado, de la determinación. Entendido su comportamiento, toca establecer límites. Es conveniente mantener con ella una comunicación directa, clara y constructiva sobre roles, tareas y expectativas, de forma que sus tácticas de manipulación emocional y generación de miedo se vean debilitadas.

¿Qué hacer si la abeja reina soy yo?

En primer lugar, quiero felicitarte si tienes la valentía de asumir que eres una abeja reina. Es un primer paso indispensable para desactivar esta conducta.

Me temo que el trabajo que te va a tocar hacer va a requerir un cierto tiempo. Va de autoconocimiento, de profundizar en nuestras heridas, de aceptarnos, de perdonarnos, de resurgir. Va de soltar el control y de creer más en nosotras mismas. Va de dejar de juzgar y de no llevarnos al terreno personal la actuación de las otras mujeres. Te animo a que empieces por quererte un poquito más.

En este capítulo, hemos estado hablando de síndromes, pero también de antídotos. Me refiero a esas herramientas y fórmulas que te he ido proponiendo para neutralizar, de una vez por todas, a los boicoteadores que puedan estar dificultando tu desarrollo profesional.

Nos queda por ver algún obstáculo más para luego poder ya focalizarnos en construir sólidamente el futuro profesional que cada una decidamos.

¿Seguimos?

4.
Obstáculos en los momentos clave del desarrollo profesional de la mujer

Abro ahora una conversación distinta contigo. Te propongo que analicemos los obstáculos a nuestro desarrollo profesional desde una perspectiva temporal. Aun siendo consciente de que la realidad de cada una de nosotras puede ser bien diferente, quiero invitarte a que traces una línea temporal imaginaria que abarque desde el inicio hasta el final de una carrera profesional estándar. Por supuesto que puede haber multitud de variantes, pero esta ficticia «estandarización» me permite ser más didáctica en mi explicación.

En esta línea imaginaria, marcaremos tres grandes hitos:

• Primeros años de desarrollo profesional. En esta fase a menudo aparece un obstáculo que denominamos «peldaño roto».

• Transcurrido cierto tiempo. Tras unos años de inmersión en el mundo laboral, muchas mujeres enfrentan un significativo reto: la maternidad. Lamentablemente esta maravillosa circunstancia en la vida de la mujer puede tornarse un obstáculo relevante para el desarrollo profesional.

- Avanzada la carrera profesional. Ya con el transcurrir de los años, no es de extrañar que nos topemos con un escollo monumental. Se trata del llamado «techo de cristal» con el que se dan de bruces tantas y tantas mujeres talentosas.

¿Entramos en materia?

Peldaño roto, maternidad y techo de cristal

Veamos con detalle las particularidades de cada uno de estos tres posibles obstáculos.

Peldaño roto

Se ha definido como «peldaño roto» a esa dificultad que afrontan muchas mujeres en las primeras promociones de su vida laboral. Ejemplificada la carrera profesional a modo de escalera, es demasiado habitual que para nosotras esos escalones iniciales sean más un ancla que una catapulta.

Según el estudio «Women in the Workplace» de Lean In y McKinsey and Company, publicado en 2022, por cada cien hombres promocionados en el primer nivel de mando, solo 87 mujeres son promovidas. Esta primera desigualdad se acentúa cada vez más a lo largo de la carrera. Además de lo que significan los propios números, es importante tener en cuenta su efecto detonador del desánimo y de la detracción de la apuesta de la mujer hacia su desempeño futuro.

La brecha mencionada va creciendo conforme la responsabilidad profesional va siendo mayor, hasta alcanzar su máximo diferencial en puestos de alta dirección. Lamentablemente, el trabajo autónomo y el emprendimiento también presentan su «peldaño roto» de forma muy contundente.

Previo al mundo laboral está la etapa educativa. En los países occidentalizados se ha eliminado el peldaño roto para las mujeres en lo tocante a la primera formación, aunque persiste una ruptura en la fase universitaria. Véase, por ejemplo, lo que acontece en las carreras denominadas STEM (siglas en inglés de «ciencias, tecnología, ingenierías y matemáticas»), donde la presencia de la mujer es todavía raquítica. Por desgracia, en países menos desarrollados, las niñas siguen afrontando serias dificultades con su educación general. Te cuento en el Capítulo 11 mi experiencia al respecto en un país africano.

Para intentar salvar el obstáculo del peldaño roto, es preciso adentrarse en su génesis y entender qué provoca su quiebre. Dos son las razones principales: el impacto de los estereotipos y la invisibilidad de la mujer.

Empecemos analizando la primera razón, el impacto de los estereotipos. Y, para que resulte más ameno, lo haremos mediante un par de ejemplos.

El primer ejemplo ilustra una percepción sesgada muy extendida que mezcla peligrosamente dos estereotipos: que las mujeres somos menos ambiciosas que los hombres y que no estamos dispuestas a comprometer nuestra vida familiar por promocionarnos en el trabajo. Este combo provoca que se nos borre a menudo de las listas de promoción. En mi experiencia laboral vinculada a la internacionalización financiera de las empresas, he sido testimonio de la aplicación de estos estereotipos en más de una ocasión. Concretamente, cuando una promoción tenía que ver con viajes continuos o un cambio de residencia a otro país, frecuentemente cuando evaluábamos la lista de personas candidatas, alguien opinaba: «A Fulanita no le va a interesar, está casada y seguro que querrá tener hijos». Se presuponía que nuestra ambición se esfumaba si podía afectar al equilibrio familiar.

Pero lo cierto es que, según un estudio de Boston Consulting Group, las mujeres poseemos como mínimo el mismo nivel de ambición que los hombres al inicio de nuestra carrera profesional.

El segundo ejemplo viene de la mano de Sheryl Sandberg, de quien ya te he hablado anteriormente. En una conferencia que pronunció en la Bolsa de Valores de Londres, Sandberg afirmó que «el peldaño roto es que los hombres son promovidos por su potencial, mientras que las mujeres son juzgadas por su experiencia hasta el momento».

Diferente vara de medir que esconde otro estereotipo, esta vez el de que las mujeres no estamos preparadas para liderar. Por tanto, nos toca demostrar antes de que alguien apueste por nosotras.

Si cambiamos el enfoque y ponemos la mirada en la propia candidata a promocionar, es interesante observar su aplicación de barreras creadas a partir de sesgos y estereotipos. ¿Te acuerdas del ejemplo que te mencionaba en el capítulo anterior del informe de Hewlett Packard que concluye que los hombres se presentan a una mejora laboral cuando consideran que cumplen con el 60 % de los requisitos que se piden, mientras que las mujeres solemos planteárnoslo cuando estamos seguras de cumplirlos al 100 %?

La segunda razón en la que quería profundizar para entender mejor el fenómeno del peldaño roto está relacionada con la visibilidad, nuestra visibilidad.

Es innegable que existe una brecha de visibilidad en los medios de comunicación y en las redes sociales de la mujer como directiva, ejecutiva o líder. Por supuesto que se da una correlación del tipo «si hay menos mujeres liderando, hay menos mujeres en los medios y redes». Pero la correlación es desproporcionada y, además, tiene un matiz muy perverso.

Dicen los estudios que ese grupo de mujeres que ocupan puestos de responsabilidad aparece con menor frecuencia que sus colegas hombres y que, cuando lo hacen, suelen ser tratadas de una forma distinta. De este modo, es habitual que el hecho noticiable que se genera por la condición de ser una profesional se entremezcle con aspectos personales que tienen que ver más, por ejemplo, con la apariencia física de la protagonista.

Este tema, que podría parecer incluso frívolo, tiene una importancia capital: negamos la posibilidad de que mujeres que quieren apostar por su carrera profesional tengan referentes donde reflejarse. Y el tema de las referentes no es baladí. Pues, como bien reza la programación neurolingüística, las personas evolucionamos tomando como modelo a otras personas que han conseguido metas que perseguimos.

Me gusta decir que necesitamos referentes porque las historias de superación dan alas a nuestros sueños...

En lo tocante a la visibilidad, las creencias y muy especialmente el síndrome de la impostora, ejercen una contundente influencia limitante.

De este modo, no es nada inusual que muchas mujeres sufran de pánico escénico. ¿Recuerdas el caso de la mujer que creía que no progresaría profesionalmente porque no se veía capaz de hablar en público?

Tampoco es infrecuente que muchas consideren poco relevante o incluso innecesario poner públicamente en valor méritos y logros profesionales. Hecho que conecta con haber sido educadas a lo largo de la historia para ser discretas y pasar desapercibidas. Este hecho queda ejemplificado en frases tan lapidarias como «Calladita estás más mona» o conceptos retro como «el decoro femenino».

Decirte que en este tema de la visibilidad es importante una premisa: la voz no te la dan, la voz se toma. Te insto encarecidamente a que no esperes a ser invitada a entrar en escena; ¡ENTRA!

Por favor, atrévete, visibilízate. Es necesario para que tu carrera despegue y, además, tu ejemplo puede inspirar a muchas mujeres a dar un paso más en su desarrollo profesional.

La maternidad

Este apartado, como otros, podría ser un libro entero. Así que voy al grano: la maternidad es la traba principal para muchas mujeres en su desarrollo profesional.

Hay disponible una gran cantidad de estudios que refrendan esta afirmación. Por ejemplo, mira este del Observatorio Social de La Caixa. Según su investigación, una mujer con descendencia tiene el 35,9 % menos de posibilidades de acceder a una entrevista de trabajo que los varones, a igual currículum y mismo número de hijos.

Lo cierto es que, en términos generales, la sociedad no está preparada para que la mujer pueda criar y trabajar. Y esto hace que las mujeres profesionales se vean abocadas a una sensación de desborde agotadora.

Las opciones para compatibilizar ambas responsabilidades son las que son: externalización de cuidados, ayuda de familiares, compartir responsabilidades con la pareja, el teletrabajo y que, con suerte, la empresa tenga políticas de apoyo como flexibilidad horaria o reducción de jornada. Aun así, la sobrecarga para la mujer puede ser significativa. ¿Te acuerdas del síndrome de la carga mental?

Aparte del contexto social, me interesa revisar contigo algo muy limitante: el doble sentimiento de culpa que suele acarrear la maternidad para la mujer profesional.

Por un lado, sentimiento de culpa hacia el trabajo y, por otro, sentimiento de culpa hacia la crianza. O, dicho de otra forma, sentimiento de culpa por ser mala madre y mala profesional.

El sentimiento de culpa consiste en creer que una no ha actuado correctamente o que no ha cumplido con las expectativas de otras personas o de una misma. La culpa puede generarse tanto por voces externas como internas. Y ambas son igual de destructivas.

Pongamos un ejemplo: a resultas del confinamiento por COVID-19, se ha vuelto habitual mantener reuniones de trabajo en formato *online*. También es frecuente que en algunas de estas reuniones se cuele un o una peque y aparezca en pantalla. Entonces la mamá dice: «Disculpad» y sigue toda una explicación del porqué de la intromisión. En esas palabras aclaratorias siempre percibo un cierto sentimiento de culpa, de estar haciendo algo inadecuado. No digo que este tipo de escenas (a la parte de le explicación y disculpa me refiero) no tengan como protagonista a un hombre, pero lo cierto es que mi experiencia ha sido casi siempre con mujeres.

Recuerdo que, cuando mi hijo mayor tenía seis meses de edad, me fui por trabajo a Brasil. Estuve dando clases en un par de universidades y lo rememoro como una experiencia maravillosa y muy enriquecedora. Aunque es cierto que la escena de despedida en el aeropuerto me quedó bien grabada: yo pasando el control de seguridad y mi pareja al otro lado con el bebé sentadito en el cochecito. Sabía que todo estaba bien, pero no pude evitar un cierto sentimiento de culpabilidad. Irte a diez mil kilómetros de distancia de tu bebé, ¿es algo que hace una buena madre? Tampoco ayudaron los comentarios previos de mi propia madre y de algunas amigas: «¿Tienes que irte justo ahora?»; «¿Por qué no lo dejas para más adelante y te dedicas a tu hijo, que tanto te necesita?»; «¡Caramba, es que la oportunidad se presenta cuando se presenta!».

En la maternidad, los sesgos inconscientes y los estereotipos se muestran con mucha crudeza y son torturadores para muchas mujeres. Nuestra sociedad se ha ocupado de moldear y ofrecer una imagen muy concreta de qué es ser una buena madre, y unas y otros la hemos interiorizado en mayor o menor medida.

Ahondando en la repercusión de la maternidad en nuestro desarrollo profesional, quisiera distinguir cuatro fases y las dudas y preocupaciones más habituales a las que una mujer se enfrenta en cada una de ellas. Veamos:

Pre-embarazo

Con «pre-embarazo» me refiero a esa etapa donde las mujeres nos cuestionamos una posible maternidad. Trabajando con grupos de mujeres profesionales estas son las cuestiones que aparecen de forma más recurrente:

- Ser madre conlleva muchas renuncias. ¿Merece la pena?
- ¿Es el mejor momento para quedarme embarazada?

- ¿Debería comunicar que quiero ser madre?
- ¿Qué dirá mi jefe/a cuando le comunique que quiero ser madre?
- ¿Cómo lo comunico?
- ¿Me cambiarán de puesto?
- ¿Me afectará profesionalmente?

Muchas mujeres viven este período como una encrucijada, donde es preciso elegir entre vida profesional y maternidad. De hecho, es una de las principales causas de la maternidad tardía, con las consecuencias físicas y emocionales que conlleva.

Embarazo

Por el mero hecho de estar embarazada, es frecuente que la mujer sienta que ha dejado de formar parte del «clan». Es un sentir que, unido a los cambios físicos y hormonales, puede generar un profundo malestar. Suelen aparecer cuestiones de este estilo:

- ¿Cuándo notifico que estoy embarazada?
- ¿Cómo lo digo?
- ¿Cómo se lo tomará mi jefe/a?
- ¿Qué pasará cuando lo haya dicho?
- ¿Dejarán de tenerme en cuenta en la empresa?
- Estoy cansada y preocupada por mi embarazo, pero no me atrevo a decirlo. ¿Qué puedo hacer?

- Me preocupa que el ritmo frenético del día a día afecte a mi bebé. ¿Cómo podría compartir mi preocupación?
- ¿Me afectará profesionalmente ahora que ya es evidente mi estado?

Baja por maternidad

Después de dar a luz, cada mujer vive de una forma particular la relación con su trabajo. Hay mujeres que quieren estar conectadas y otras desconectadas, unas quieren recibir información y otras que se las convoque a las reuniones importantes, etc. No hay una fórmula mejor que la otra, depende de cada cual. Lo importante es no intentar seguir un patrón preestablecido, sino una forma de actuar acorde con nuestro sentir. Estas son las dudas e inquietudes que surgen con mayor frecuencia:

- ¿Con quién voy a dejar a mi bebé?
- ¿Cómo será cuando regrese al trabajo? ¿Qué habrá cambiado? ¿Me continuarán tratando de la misma forma que antes de irme?
- ¿Cómo sabré las cosas importantes que ocurren en la empresa durante mi ausencia?
- Preferiría desconectar. ¿Cómo lo digo para que no se interprete que ya no me interesa progresar?
- No tengo tiempo para nada. Cuando vuelva, ¿cómo lo haré para salir adelante?
- Quizás no debería volver.

Reincorporación

Y de nuevo toca volver a la antigua rutina. Pero la diferencia es que la mujer ha pasado una experiencia vital que la ha transformado. Muy a menudo la sensación, al retornar al trabajo, se expresa como de inadecuación o de encontrarse fuera de lugar. Estas son algunas de las cuestiones que muchas mujeres se plantean en esta última etapa:

- Tras haber tenido un bebé, ya no soy la misma persona. ¿Cómo puedo gestionar esa sensación de no cuadrar cuando te reincorporas?
- ¿Cómo puedo conciliar mi vida familiar y profesional?
- Me falta tiempo. ¿Cómo lo hago?
- No me adapto a esta vorágine del día a día. ¿Cómo lo puedo gestionar?
- ¿Cómo haré para continuar con la lactancia de mi bebé?
- Me siento observada, incluso cuestionada por mis compañeros y jefes. ¿Qué hago?

Los cuestionamientos que has leído en cada uno de los cuatro apartados son una síntesis de lo que he ido recogiendo en los grupos de mujeres con los que he trabajado el «obstáculo» de la maternidad. A continuación, tienes un breve resumen de los aspectos clave y algunas pautas que, si estás en este momento, pueden ayudarte a gestionar esta maravillosa etapa.

Propuesta para ti

Soy madre biológica de un niño y una niña y madre adoptiva de otro. Tres maternidades que he vivido de forma bien distinta. Tras mi propia experiencia y acompañando a mujeres profesionales, constato que no existe ni una sola maternidad igual.

Aun así, hay ciertos aspectos que surgen de forma repetitiva y que pueden llegar a ser muy invalidantes en el desarrollo de la carrera profesional. Te cuento.

Uno ya mencionado es la culpa. Una emoción que puede resultar tremendamente destructiva. Es ese venenoso sentir perpetuo de no estar haciendo bien las cosas.

Para atenuarla, es muy útil ir tomando nota de las «culpas» que nos asaltan durante el día. A continuación, se trata de ir cogiéndolas de una en una e irlas relativizando, prestando especial atención al victimismo o a si estamos siendo demasiado duras con nosotras mismas.

El miedo es otra de las emociones presentes en la maternidad. Y tiene toda la lógica esa presencia en un período donde las mujeres tenemos que lidiar con lo desconocido. Es un constante de asomarse a sensaciones y situaciones nuevas que van desde los cambios físicos y anímicos hasta el parto o a velar el florecer de una nueva vida. Y todo ello en un contexto laboral que muchas veces no sabe cómo tratar con esta circunstancia tan especial.

Otro aspecto nada desdeñable es esa tendencia a sentirse «rara». Está vinculado con la modificación del aspecto físico, con estar emocionalmente más susceptible, con el cambio de prioridades, con el abandono de antiguas convicciones. También con ese sentirse excluida o, como decía anteriormente, sentir que ya no formas parte de la tribu.

La necesidad de reaprender a gestionar el tiempo es otra de las cuestiones que se impone con la maternidad. Las obligaciones y tareas crecen exponencialmente y, necesariamente, hay que gestionar el tiempo de una forma distinta si no queremos que el síndrome de la carga mental nos devore.

Por último, ni qué decir de la necesidad que surge de establecer y gestionar límites. Si siempre es necesario, con la maternidad este requerimiento se agudiza. Y la firmeza para llevarlo a cabo debe ser algo innegociable en esta faceta de nuestra vida.

Culpa, miedo, extrañeza, gestionar el tiempo y poner límites es algo común a la mayoría de las mujeres que transitan por la maternidad. Es muy importante darse cuenta e interiorizar que no es que nosotras «estemos mal», sino que es el contexto social el que nos aboca a buena parte de estas emociones y sentimientos.

Te propongo que reflexiones profundamente sobre lo que te he planteado y que, a ser posible, te acerques y compartas con otras mujeres que estén en las mismas circunstancias que tú. Lo he visto una y otra vez: cuando las mujeres nos reunimos y expresamos nuestro sentir, nos damos cuenta de que es algo colectivo. Y tan solo este hecho nos libera de buena parte de la carga y nos permite seguir nuestro camino más ligeras de equipaje.

En el apartado de «Recursos y herramientas» encontrarás ideas para gestionar los aspectos clave mencionados.

Techo de cristal

Con el transcurrir del tiempo vamos acumulando experiencia y recorriendo camino profesional. Pero llega un momento en que ese progresar se detiene. Unas veces por causas ajenas y otras porque somos nosotras quienes lo frenamos de forma voluntaria o inconsciente.

La expresión «techo de cristal» fue utilizada por primera vez hace más de cuarenta años. Marilyn Loden la pronunció durante una mesa redonda sobre las aspiraciones de la mujer, refiriéndose a un límite invisible que la sociedad coloca frente a nosotras y que nos impide asumir puestos de alta responsabilidad o dominados por hombres. Y ocurre en multitud de ámbitos que abarcan desde las organizaciones empresariales a la política, la ciencia o el deporte.

Por su efectividad, a mí me gusta trabajar el techo de cristal diferenciando su origen.

Llamo «techo de cristal extrínseco» a aquel que ha sido creado con condicionantes externos, sin haber participado yo (o tú) directamente pero que, en cambio, me afecta (te afecta). Está vinculado a los sesgos inconscientes y profundamente arraigado en la estructura social.

Pongamos un ejemplo: en la actualidad existen 195 países en el mundo. En el momento en que estoy escribiendo este libro, tan solo veinte países tienen al frente a una mujer.

Otro dato: de los Premios Nobel, solo el 6 % han sido otorgados a una mujer.

Uno más: en España, solo tres mujeres dirigen las 35 mayores compañías del país.

Puedo proponerme como reto ser la próxima presidenta de mi país, ser candidata a un Premio Nobel o presidir una gran empresa. Prepararme intensamente para conseguirlo. Y, por supuesto, lograrlo. Pero debo tener plena consciencia de que hay una parte de ese lograr el reto que no depende única y exclusivamente de mí, que hay un contexto que necesita transformarse para que la consecución de mi meta sea posible.

Quiero añadir que no es solo llegar a ese lugar; es en qué condiciones se llega y se permanece y qué margen de actuación tenemos para ser nosotras mismas y no sucumbir a patrones impuestos.

Imperiosamente necesitamos mujeres que rompan techos de cristal, que abran la posibilidad a otras mujeres, pero no a cualquier precio. No puede ser un carrusel de renuncias y sacrificios para ocupar un puesto que emane hostilidad. El foco no está en llegar, sino en transformar las reglas del juego y que ocupar posiciones casi vetadas para la mujer en estos momentos sirva para establecer condiciones para la equidad. Lograr que en esos espacios el aporte femenino sea bienvenido y valorado. Llegar y transformar.

Romper un techo de cristal extrínseco requiere un movimiento colectivo del cual cada una de nosotras, sin duda, puede ser punta de lanza. Y precisa de estrategia, determinación y alianzas. Asumir el reto en solitario puede ser tremendamente desgastante y su impacto transformador reducido.

En mi época corporativa, conocí a un buen número de mujeres que, como yo, habían roto un techo de cristal, ocupando un puesto que, por primera vez, era liderado por una mujer.

Varias de mis colegas (por no decir la mayoría, incluida yo misma) me comentaban cómo de hostil percibían ese entorno conquistado y cómo de difícil les resultaba poder dirigir de forma genuina, sin sucumbir a un estilo de liderazgo imperante. Con el tiempo, observé nuestro proceso de masculinización y, en un alarde de valentía, admití los sacrificios y renuncias que el camino hacia la cima estaba acarreando. No juzgo. El proceso es el que es y las reglas de juego son las que son. Pero sí creo en lo más profundo de mi ser que lo que realmente merece la pena es romper un techo de cristal para reescribir las reglas del juego.

Lo importante es tener claro qué supone para una romper un techo de cristal y decidir conscientemente si esa es la opción de vida profesional que se elige.

Mi sueño es que nuestro paso por los más altos cargos sirva también para que nuestra esencia femenina transforme y cocree una nueva realidad más equitativa, sostenible y humanizada.

Así como en el techo de cristal extrínseco tienen mucha relevancia los límites contextuales, en el techo de cristal intrínseco lo notorio es el límite que yo misma me impongo en el desarrollo de mi carrera profesional. Es mío personal y, además, movible. Es decir, que en función de acontecimientos y experiencias que vayan dándose en mi vida, voy colocando el techo.

Como de bien seguro ya has imaginado, el techo de cristal intrínseco también está provocado por las creencias limitantes y los sesgos inconscientes.

Es muy desgarrador ver cómo tantas y tantas mujeres con talento se autolimitan en su crecimiento profesional.

Si romper el techo de cristal extrínseco requiere, ante todo, estrategia, determinación y alianzas, quebrar el intrínseco necesita, indiscutiblemente, autoestima y valentía.

Quiero hablarte un poco sobre la valentía, pues me parece una herramienta indispensable para modificar nuestra realidad. Sea la que sea. Y es que la valentía nace de un convencimiento muy profundo, muy arraigado en ti, en mí.

Por poco que observemos nuestra realidad, nos damos cuenta de que el contexto donde lidiamos el día a día está definido por el miedo. Hay hitos que han «fijado» estos miedos, que a primera instancia los vivimos de una forma visceral y luego quedan suspendidos en nuestro inconsciente. Repasemos someramente nuestra historia reciente y sus miedos vinculados.

- Miedo a mi integridad física: atentados terroristas.
- Miedo a perder mi salud: diferentes pandemias y recientemente el COVID-19.

- Miedo a la pobreza: crisis económicas.
- Miedo a la inseguridad: contextos bélicos.
- Miedo a la supervivencia: cambio climático.

Y suma y sigue. Es algo que está en el ambiente. Una incertidumbre que nos va minando. Fíjate que, en muchas ocasiones, también habita el miedo en las organizaciones. Se percibe en ciertos estilos de liderazgo que lo infunden de una forma más o menos sutil. Otras veces se manifiesta a través de la exigencia y entonces surge el miedo a no dar la talla, a no cumplir con lo que se espera de una, a fracasar...; incluso miedo a promocionar por lo retador que pueda llegar a ser el cambio.

Frente al miedo las personas nos replegamos, nos cuesta mucho más arriesgar, salir de nuestra zona de confort. Difícil mostrar sin complejos mi diferencia, difícil ser auténtica y genuina.

De hecho, el miedo es un potentísimo elemento de control. Lo sufre el conjunto de la sociedad y, muy especialmente, las mujeres. ¿Cómo vas de tranquila por la calle a las tres de la madrugada? ¿Cómo vas de confiada a correr tú sola por el monte al despuntar el alba?

Y déjame que reflexione contigo: ¿cómo debe ser la vida de las mujeres en determinados países donde el fundamentalismo se ha instalado inamovible? ¿Y la de las niñas que siguen secuestrando en determinados países de África? ¿Y la de las esclavas sexuales en el sudeste asiático? Y suma y sigue.

Vuelvo de nuevo a la proximidad de nuestro miedo, ese customizado a nuestra realidad. Más llevadero, más sutil, aunque también paralizante. El antídoto del miedo es, sin lugar a duda, la valentía. Una vez leí que las personas valientes no son las que no tienen miedo, sino aquellas que han aprendido a caminar a su lado. Potente, ¿verdad?

Fíjate que el miedo en su justa medida es un gran protector. Nos empuja a ser precavidas, a no ser temerarias.

Entonces, no se trata de luchar contra el miedo, sino de aprender a convivir con él, a que sea nuestro aliado cuando decidamos arriesgar.

Y merece la pena arriesgar. La recompensa es nuestra propia transformación, la evolución hacia esa persona que deseo ser.

Estoy completamente segura de que tú y yo, si miráramos por el retrovisor de nuestra vida, encontraríamos muchos momentos en los que hemos sido valientes.

Y es que la valentía no va necesariamente vinculada a algo épico, sino más bien a un instante donde hemos salido de nuestra zona de confort para ser fieles a nuestros valores. De este modo, la valentía la encontramos insertada en momentos de nuestra cotidianidad.

Propuesta para ti

Quiero proponerte que trabajes tu valentía. Es algo que se aprende y necesitamos practicarla para asentarla y acrecentarla en nuestro interior. Es una aliada imprescindible para nuestro desarrollo y, por supuesto, para conquistar libertades.

Una forma eficaz de hacerlo es focalizándonos en tres aspectos esenciales. A saber:

- **Autoconocimiento.** Este aspecto está muy relacionado con tener claro cuáles son mis valores y principios, y también cuán presentes están en mi día a día. Siendo así, urge responder a dos cuestiones:

  a. ¿Cuáles son mis valores, mis principios?

  b. ¿Dónde están mis límites, mis líneas rojas?

  Nota: si te apetece, puedes mirar en el apartado de «Recursos y herramientas» la «Guía para trabajar mis valores».

- **Coherencia.** El principio de coherencia nos insta a alinear lo que pienso, lo que siento y lo que hago. Y esta alineación nos proporciona una firmeza inusitada en la toma de decisiones y en los pasos que damos en nuestro camino.

  Quiero contarte una anécdota personal que ha sido muy significativa en mi desarrollo profesional y que tiene que ver con el respeto hacia mí misma. Muy al inicio de mi carrera, estuve trabajando en el departamento internacional de un banco. En aquel entonces, uno de nuestros clientes se enfrentaba a una seria dificultad de cobro de unas exportaciones que había estado realizando a Turquía. Me plantearon el caso y, después de darle muchas vueltas, diseñé una solución que le aseguraba el cobro y le permitiría no incurrir en riesgo de cambio con la lira turca y, además, financiarse según precisara. Llegó el día de la reunión en la que debíamos exponerle la solución al cliente. Alrededor de la mesa, el director de la oficina bancaria donde tenía la cuenta la empresa, el propietario de la compañía y su director financiero. Me sumo a la reunión orgullosa de mi trabajo. Tras unos minutos de conversación, el director de la sucursal pregunta a los clientes: «¿Puedo ofreceros un café?». A continuación, la tremenda petición: «Mercè, ¿nos traes unos cafés, por favor?».

Puedes imaginar lo que representó esa escena para mí. De hecho, en mi fuero interno era inconcebible. ¿Por qué la persona con más conocimiento especializado, la que había dado con una solución brillante tenía que levantarse a buscar cafés? La respuesta era obvia: por ser mujer. Estos pensamientos pasaron por mi mente en fracciones de segundo y me llevaron a responder: «No, no los voy a traer».

Te ahorro los comentarios desafortunados que siguieron a ese momento y las consecuencias que tuvo en mi día a día durante una buena temporadita. Lo cierto es que ese «poner un límite», ese «ser coherente con lo que estaba sintiendo» me colocó en otro lugar. Es algo de lo que me he dado cuenta con el transcurrir de los años. Estaba al inicio de mi desarrollo profesional y fui fiel a mí misma, no me doblegué. Esto sentó un precedente en mí que me ha acompañado a lo largo de toda mi carrera.

- **Red de sustento**. Insisto una y otra vez en la fuerza que nos da la comunidad. Y, muy especialmente, los círculos de mujeres. Son espacios de seguridad psicológica donde podemos compartir miedos, muchos de ellos ancestrales y casi todos compartidos con otras mujeres. Darse cuenta de que ciertos miedos no son solo individuales, sino colectivos, poderlos verbalizar y escuchar historias de superación nos nutre y proporciona una energía que alimenta nuestra valentía.

  Nota: si te apetece, échale un vistazo a la «Guía para liderar un círculo de mujeres» que encontrarás en el apartado de «Recursos y herramientas».

Cuando te conoces a ti misma y sabes con claridad cuáles son los valores y el propósito que guían tus pasos y ejerces la coherencia entre tu pensar, sentir y hacer (por tanto, actúas en concordancia con tus valores y propósito), estás ejercitando tu valentía. Y, si por cualquier motivo, el nivel de valentía se debilita, entonces la red de sustento hace su magia y nos llena de nuevo el depósito para seguir avanzando en nuestro camino de desarrollo, valientemente.

El camino de las triple A

Quiero compartir contigo una visión complementaria y muy personal de la línea temporal de nuestro desarrollo profesional. Sintetizo bajo el nombre del «camino de la triple A» lo que he vivido en primera persona y que, a su vez, he contrastado repetidamente entrenando a mujeres directivas. Como verás, es un patrón que se divide en tres etapas diferenciadas, cada una de ellas caracterizada por una actitud determinada.

Primera etapa: Adaptación

La primera etapa tiene que ver con el descubrimiento. Tiene lugar cuando ya se acumula un cierto rodaje en el ámbito laboral y se empieza a dilucidar cuáles son las reglas del juego, cómo funciona la «partida» que se juega en el entorno laboral. Es ese darse cuenta de que la capacitación técnica es importante pero no suficiente, que ser resolutiva es un valor, pero que compite con la presencialidad de forma asimétrica, que las renuncias son casi indispensables o que esas cualidades intrínsecamente femeninas no son realmente valoradas. Es una etapa que entraña sorpresa y una cierta incredulidad.

Segunda etapa: Aceptación

En esta segunda etapa lo manifestado en el punto anterior se muestra con toda su crudeza. Es algo así como la caída de un velo que nos permite ver con mucha más claridad. Empezamos a entender cómo funciona en realidad el mundo profesional y desplegamos, consciente o inconscientemente, nuestra capacidad de adaptación.

Aparecen los primeros síntomas de masculinización. Hemos percibido que la sensibilidad, la amabilidad, la generosidad, etc., no son buenas compañeras en este viaje. Así mismo, empezamos a integrar incongruencias para seguir navegando esas aguas.

Es una época donde necesitamos promesas y adulaciones para sofocar las manifestaciones de sesgos y creencias limitantes, y para adormecer la atención que nuestro propósito y valores nos reclaman.

Tercera etapa: Alzamiento

Lamentablemente, es frecuente quedar atrapada o sucumbir en la etapa anterior. Una parte de las profesionales asume las reglas del juego sin ni siquiera cuestionárselas y otra no tiene más remedio que aceptarlas sin rechistar. Para ambas, el coste a nivel personal acaba siendo relevante.

Pero hay una proporción cada vez más significativa de mujeres que se revela y manifiesta abiertamente: SÍ a mi desarrollo profesional, pero NO a cualquier precio. Son mujeres que se alzan dispuestas a cambiar las reglas del juego, unas reglas del juego obsoletas que encorsetan el desarrollo del talento femenino y, por qué no decirlo, también el masculino.

La etapa de alzamiento suele llegar con la madurez, aunque ya se detecta un proceso de aceleración en el consumo de las etapas. Me fascina observar cómo mujeres jóvenes cuestionan sin rubor el *statu quo* y cómo una proporción nada desdeñable consigue abrir camino a nuevas dinámicas.

Si te resuenan mis palabras, te sugiero que te plantees en qué etapa estás y, lo más importante, que tomes una decisión respecto al camino que deseas seguir. No dejes que la corriente te lleve. Sal del agua, reflexiona y regresa a la corriente cuando te sepas dueña del remo y del timón. Con valentía.

Hasta el momento, te he estado contando sobre contexto y dificultades. Hemos analizado cómo se gestan y aprendido diferentes maneras de saltar barreras, neutralizar boicoteadores y derribar obstáculos.

Con el próximo capítulo, doy paso a otra mirada distinta a nuestro desarrollo profesional. Una mirada aterrizada y concreta, sobre aspectos determinantes que moldean nuestra forma de desempañarnos en el trabajo y de seguir evolucionando.

5.
Mi estilo de liderazgo más genuino

No hay desarrollo profesional si no hay liderazgo. Y me refiero a ese liderazgo de 360 grados. El que ejerzo hacia mí y el que ejerzo hacia las otras personas.

De esta forma, y sin lugar a duda, nuestro estilo de liderazgo nos define, nos posiciona.

Quiero salir de los tópicos que rodean al vocablo «liderar» y abrirte una visión distinta. Una conceptualización diferente que te permita encontrar tu estilo más genuino, sin corsés ni ataduras a parámetros dominantes. Un estilo que se ajuste a tu perfil, que te haga sentir bien, que te permita brillar con toda tu intensidad.

¿Vamos?

Liderazgo masculino versus liderazgo femenino

Hablar de liderazgo es una ardua tarea, por lo que abarca este vocablo y por la opinión que genera en cada una de nosotras. Podríamos buscar una única definición, pero seguramente no exista. Más bien, cada persona tenemos nuestra particular conceptualización y ponemos énfasis en aspectos que, específicamente, nos resuenan.

Una definición reglada la encontramos en la RAE (Real Academia Española de la Lengua), para quien liderazgo es la «situación de superioridad en que se halla una institución u organización, un producto o un sector económico, dentro de su ámbito». Y añade: «condición de líder, ejercicio de las actividades del líder». Pero la verdad es que arroja poca luz.

Comúnmente, el término liderazgo se utiliza para referirse a los atributos personales en virtud de los cuales se ejerce el poder.

Aunque, muy probablemente, la definición más generalizada de «liderazgo» en el ámbito de las organizaciones tenga que ver con un conjunto de habilidades que se usan para influir en la forma de ser o actuar de las personas o, más concretamente, de un grupo determinado, haciendo que este equipo desarrolle su actividad con entusiasmo, enfocado en el logro de sus metas y objetivos. Pero, la verdad, no me acaba de convencer.

A mí me gusta definir el liderazgo como esa capacidad de crear contextos; contextos donde es posible que las cosas pasen. De este modo, una líder es, ante todo, una creadora de contextos. Contextos donde las personas se inspiran, crecen, se desarrollan, alcanzan metas, aprenden, cocrean.

Hablo de un liderazgo que no proviene de la jerarquía, sino de ser líder. Un liderazgo que nace dentro y se muestra fuera, que emana de la propia esencia de la persona.

Lo que acabo de escribir me conecta con una disyuntiva que está, a menudo, encima de la mesa. Y es la contraposición entre liderazgo masculino y liderazgo femenino. Tengo que decirte que soy poco fan de esta clasificación. Me parece que encorseta y limita.

Suele decirse que el liderazgo femenino (el que ejercen las mujeres) es más bien colaborativo, intuitivo y emocional, básicamente enfocado en las personas. Mientras que el liderazgo masculino (el que ejercen los hombres) se orienta a objetivos, es jerárquico, autoafirmativo y transaccional. Entiendo perfectamente de dónde viene esta clasificación. Por supuesto, de ese practicar habilidades en la esfera pública unos y en la privada otras. Lo comentábamos en el primer capítulo. Por tanto, esas habilidades especialmente desarrolladas en cada entorno dan lugar a una generalización. Comprensible.

Pero, cuidado, porque estamos creando un estereotipo más.

Porque lo que estamos haciendo es presuponer que los hombres lideran de una manera determinada y las mujeres de otra. Y, aunque en determinados casos coincida con la realidad, cuando hacemos este tipo de aseveraciones cerramos la puerta a que se exprese la esencia genuina de cada persona.

En todo caso, si hay personas que lideran ejercitando más las cualidades femeninas, entonces podemos hablar de liderazgo «en femenino». De la misma forma, cuando lo que se pone más en práctica son las habilidades masculinas, entonces hablemos de liderazgo «en masculino».

Son matices, de acuerdo, pero es que las palabras crean realidades (te cuento más sobre las palabras en el capítulo 6). No es lo mismo que me encasilles en un «liderazgo femenino» que matices mi liderazgo afirmando que es «en femenino». No tienen la misma connotación. No me abren al mismo nivel de posibilidad.

Con este marco, te invito a darle una vuelta más a nuestro estilo de liderazgo (tú al tuyo y yo al mío). A soltar etiquetas y patrones, a tener la valentía de sumergirnos en la búsqueda de nuestro estilo de liderazgo más genuino, ese que nos genera bienestar y nos permite brillar, mostrar nuestra mejor versión.

Mi estilo de liderazgo más genuino, ese que más me permite brillar

Y ¿cuál es ese estilo de liderazgo mío, particular, singular, genuino, ese que más me permite brillar? ¡Qué pregunta más difícil!

Pero vamos allá.

Para mí, responder a esta cuestión es tan simple como complejo llevar a cabo la respuesta. Nuestro estilo de liderazgo debería ser un reflejo de nosotras mismas. El tema es que hemos aprendido a emular estilos preestablecidos, dominantes. Y eso no hace más que recortarnos las alas. Nos empequeñece. Nos debilita.

Abrimos alas, nos desplegamos, cuando lideramos según somos, según sentimos. Afianzadas, arraigadas en nuestros valores, en nuestra visión, en nuestro propósito. Fieles a nosotras mismas. Sin corrompernos, sin traicionarnos. Ahí vibramos alto, ahí somos líderes.

En definitiva, te hablo de ser auténtica, de que el liderazgo no puede ser impostado, emulado. Que tiene que ser genuino. Ahí reside el verdadero carisma, la verdadera magia de una líder.

Sé que puede sonar abrumador, así que vayamos por partes.

Suelo preguntar para quitar hierro en situaciones que pueden resultar demasiado desafiantes: «¿Cómo puedo comerme un elefante?». Y la respuesta es: ¡A bocados!

Troceemos, entonces.

¿Qué significa ser auténtica?

Ser auténtica significa ser consecuente conmigo misma, mostrarme tal cual soy. La autenticidad va íntimamente vinculada a otra palabra: la coherencia. La autenticidad habla de la verdad de la persona, de nuestra verdad. De la correlación entre nuestro mundo interno y externo, de lo que pensamos, de lo que queremos, de lo que hacemos y también de lo que necesitamos.

La autenticidad es ese aceptar la responsabilidad de nuestros sentimientos y conductas, ese ser sincera y coherente conmigo misma y también con las personas que me rodean.

Ser auténtica tiene que ver con escuchar la voz de nuestro corazón, con confiar en nuestra sabiduría, con descubrir nuestros dones y tener la valentía de entregarlos al mundo.

Según Heidegger, pensador y filósofo, la existencia auténtica denota el modo de ser en el que la persona comprende que ella es posibilidad, que puede apropiarse y responsabilizarse de su propia existencia. Afirmaba que en la autenticidad la persona se resuelve, elige adueñarse genuinamente de las posibilidades que se le abren. Precioso.

¿Cómo se es auténtica?

Sobre todo, desterrando una exigencia tan absurda como la de ser perfecta. (Recuerda que el perfeccionismo es una de las expresiones del síndrome de la impostora)

Abandonando la necesidad de emular patrones dominantes para sentir que encajamos. Considerándonos válidas tal y como somos. Con áreas de mejora, por supuesto.

Así seguimos avanzando, evolucionando. Pero no desde la necesidad, sino desde el deseo. Desde lo que yo quiero y decido.

Te escribo a continuación una serie de cuestiones que pueden ayudarte a reflexionar y encauzarte en el camino hacia la autenticidad. Léelas con calma y medita sobre cada una de ellas.

- ¿Cuáles son mis dones, esas habilidades desarrolladas que me hacen singular? ¿Son mi palanca, mi punto de apoyo para mostrarme al mundo?
- ¿Cuáles son mis debilidades? ¿Tengo consciencia de ellas? ¿Sé cómo ir modulándolas? ¿Suponen un trauma para mí?

- ¿Cuál es mi propósito de vida? ¿Y mis valores? Ten siempre presente tu propósito y tus valores. No los traiciones jamás. No hay nada que lo pueda justificar.
- ¿Qué relación tengo con el reconocimiento externo? ¿Acepto que no voy a gustar a todo el mundo y vivo en paz con esta idea?
- Y con la vulnerabilidad, ¿qué relación tengo? Es tan admisible sentirse alegre o exitosa como triste, herida o con miedo.
- Si he fracasado alguna vez, ¿cómo lo he vivido? ¿Lo acepto como parte del camino o es vergonzoso para mí?
- ¿Soy capaz de expresar mi opinión, aunque intuya que no será popular lo que vaya a decir? ¿Tengo presente que no poseo la verdad absoluta?
- ¿Acepto que soy como soy? ¿Tengo necesidad de aparentar?
- ¿Soy capaz de reconocer mis méritos y de mostrarlos? Sin exhibicionismo, pero sí con realismo y orgullo.

Fíjate cómo el hecho de trabajar nuestra autenticidad nos ayuda a erradicar «mandatos» contextuales que suelen estar muy presentes, entorpeciendo nuestro desarrollo profesional.

Te cito tres «mandatos» muy habituales en los entornos laborales por si te sirve para desvelar si están actuando en ti o no:

- Dejar de lado nuestros propios deseos y necesidades para seguir reglas e imposiciones externas.

- Velar constantemente por que reine la armonía, rechazando el conflicto y la confrontación, aunque sean del todo necesarios.
- Acallar nuestra intuición, validando la lógica y racionalidad.

Buscar nuestro estilo de liderazgo más genuino tiene que ver con cortar ataduras, con desoír mandatos. Significa dejar de acatar modelos preestablecidos.

Requiere mirarse por dentro. Conocerse y reconocerse. Aceptarse sin complacencia ni resignación. Ver dónde están los propios límites e irlos empujando con paciencia y perseverancia.

En ese lugar tan íntimo es donde se prende la chispa, donde nace el brillo que, con valentía, te insto a que compartas con el mundo. Es bueno para ti y necesario para todas. ¿Te atreves a brillar?

Propuesta para ti

Como ves, no hay receta para un liderazgo genuino. Solo tú puedes elaborarla, pues solo tú tienes acceso real a los ingredientes.

Por si te ayuda en esta preciosa búsqueda de tu estilo genuino de liderazgo, te propongo que realices el siguiente ejercicio.

Busca un momento y lugar donde puedas estar tranquila. Coge una hoja de papel y un lápiz y ve respondiendo pregunta a pregunta:

- ¿Qué es para ti el liderazgo?
- Si tuvieras que definir ese estilo de liderazgo que te gustaría ejercer, ¿cómo lo describirías?
- ¿Qué líderes son inspiración para ti? ¿Qué cualidades aprecias especialmente en ellas y en ellos?
- ¿Qué habilidades necesitas desarrollar o reforzar para ejercer ese liderazgo al que aspiras?
- ¿Qué tienes que soltar para desarrollar o reforzar ese liderazgo al que aspiras?

Busca una imagen que, al mirarla, te conecte con lo que has reflexionado. Puedes ponértela de fondo de pantalla en el móvil o en el ordenador. Se trata de que tengas muy presente ese liderazgo que quieres ejercer y que vayas, paso a paso, construyéndolo.

Recuerda:

> No hay desarrollo profesional si no hay liderazgo. Liderazgo que ejerzo hacia mí y que ejerzo hacia las otras personas.

Liderazgo MOMA: equilibrio entre lo masculino y lo femenino

A modo de complemento a la propuesta de desarrollar nuestro estilo genuino de liderazgo, quiero compartir contigo los fundamentos del liderazgo MOMA (acrónimo de «Moderado alfa y Moderado omega»).

Se trata de una formulación que combina la aportación de valor de lo masculino y lo femenino.

Es un estilo humanista de liderazgo sin perder el foco en los resultados, basado en el equilibrio entre nuestra esencia masculina y femenina.

El liderazgo MOMA es una propuesta que nace de la investigación que Victoria Yasinetskaya y yo misma realizamos. Los aprendizajes que obtuvimos se condensaron en un estilo concreto que quedó plasmado en nuestro libro *Alfas y Omegas* (Plataforma Editorial).

El estilo de liderazgo MOMA se basa en la premisa que te he comentado antes de que las personas líderes tenemos la potestad de crear contextos, espacios donde propiciar actitudes, comportamientos y acciones con una finalidad concreta.

Esta zona que impulsa la líder MOMA se entreteje combinando atributos de lo masculino (alfa) y lo femenino (omega) según se requieran en cada momento y observando siempre un estado de equilibrio entre los elementos que corresponden a cada grupo.

Con esta formulación, dejamos atrás la limitación que supone asumir que existen liderazgos masculinos y femeninos.

Resumidamente, podríamos decir que el liderazgo MOMA combina de la mejor manera posible las cualidades prototípicas de la energía femenina y la masculina. Aporta ese pragmatismo y enfoque a resultados tan característico de lo masculino, pero se matiza con esa capacidad creativa y empática de lo femenino.

A continuación, te detallo el decálogo de la líder MOMA según se encuentra recogido en el libro.

- **CONECTA.** Su naturaleza empática hace que escuchar a los demás no le represente un esfuerzo. Fácilmente capta lo que hay más allá de las palabras, por lo que su capacidad de comunicación es rica y efectiva.
- **INCLUYE.** La diferencia no es un problema para una líder MOMA, sino todo lo contrario. Le atrae el reto de gestionar la diversidad como una fuente de riqueza.
- **EMPODERA.** Se preocupa sinceramente por el bienestar de las personas que le rodean. De forma natural, hace emerger la mejor versión de cada individuo.
- **EQUILIBRA.** Balancea su parte emocional y racional según lo requieren las circunstancias. Así, puede pasar de la pura lógica a la intuición, del cerebro-cabeza al cerebro-corazón, sin límite alguno.
- **COLABORA.** Entiende como algo necesario y positivo tener la generosidad para compartir y la humildad para acoger ya sean informaciones, opiniones, críticas o puntos de vista por muy divergentes que sean.
- **DETERMINA.** Tiene la capacidad de focalizarse en sus objetivos y la determinación para tomar las decisiones necesarias en pro de la consecución de sus retos.
- **ASUME.** Afronta la responsabilidad como algo positivo y tiene la habilidad de asumir riesgos en su justa medida.
- **ASPIRA.** Piensa en grande, pues sabe que lo inalcanzable de la utopía es el motor para seguir avanzando. Su

sana ambición se asienta en la confianza sobre sus propias capacidades.

- **REZUMA AUTENTICIDAD.** Se conoce profundamente y se muestra ante las demás personas con seguridad y transparencia, siendo fiel a sus valores. Conectada con su yo más auténtico ha comprendido que la vulnerabilidad es en sí misma una fortaleza.

- **INSPIRA.** Le guía una interesante mezcla de visión estratégica y propósito. Este hecho, sumado a su integridad y valentía para afrontar las dificultades, actúa como un catalizador frente a las aspiraciones de las personas que le rodean.

Si te resuena lo que has leído y quieres profundizar en el liderazgo MOMA, tienes toda la información y una guía de cómo desarrollarlo en el libro *Alfas y Omegas*.

En el próximo capítulo, vamos a centrarnos en otro de los aspectos determinantes en nuestro desarrollo profesional. Hablaremos de la comunicación y de tomar nuestra propia voz.

¿Seguimos?

6.
Palabras y comunicación

En el capítulo anterior hablábamos de liderazgo, de la forma en que nos posicionamos con relación a nosotras mismas y también a las otras personas. Y de su eje vertebrador: la autenticidad.

Ahora te propongo que veamos otro aspecto imprescindible en nuestro desarrollo profesional: el manejo de la comunicación. O logramos que la comunicación (en su sentido más amplio) sea nuestra aliada o nuestro desarrollo profesional puede verse estancado.

Como en el caso del liderazgo, voy a ofrecerte una mirada poco tradicional a lo que circunda a la comunicación, pero que puede abrirte a otras maneras de gestionarla y dominarla.

Palabras, energía encapsulada

Quiero empezar este capítulo dedicado a la comunicación hablando de algo que está en sus cimientos y que es, por supuesto, la palabra. Y de ahí me voy necesariamente a los libros, uno de los principales contenedores de palabras, en este caso, escritas.

El 23 de abril se celebra el Día Internacional del Libro, una ocasión para promover su lectura y disfrute. Proclamada por la Conferencia General de la UNESCO en 1995, esta fecha simboliza la literatura universal coincidiendo con la desaparición de escritores tan relevantes como William Shakespeare, Miguel de Cervantes o Garcilaso de la Vega. (Por cierto, echo en falta alguna que otra escritora en esta lista conmemorativa).

Como reza la web de la UNESCO: «Trascendiendo las fronteras físicas, el libro representa una de las invenciones más bellas para compartir ideas y encarna un instrumento eficaz para luchar contra la pobreza y construir una paz sostenible». Yo añadiría: y para alcanzar una realidad más equitativa y humanizada.

Quiero contarte que en Cataluña, donde yo resido, a este día se le llama la «Diada de Sant Jordi», una jornada donde las calles se engalanan y las aceras y plazas de las ciudades y pueblos se llenan de puestecitos donde se venden libros y rosas.

Regalar un libro o una rosa simboliza el aprecio sincero hacia la persona que lo recibe. ¡Me encanta este ritual!, que para mí es algo así como decirle a la otra persona: «Te veo, te reconozco y aquí te entrego un símbolo de mi amor y respeto hacia ti».

Sin duda, es una de mis fiestas preferidas.

Soy lectora compulsiva y escritora a ratos, y creo, sinceramente, que un libro no es simplemente un objeto inanimado, sino algo mágico que genera reacciones imprevisibles. Repletos de palabras, muchos tienen la capacidad de transformar realidades. Percibo los vocablos no como garabatos inertes, sino como magníficos diseños cargados de energía. Energía encapsulada que espera paciente a ser liberada y cumplir su función.

A menudo, cuando leo, me quedo enganchada con alguna frase. La subrayo, la vuelvo a leer y a releer... es como si despertara algo dentro de mí. Recuerdo cuando leí *La sociedad del cansancio* de Byung-Chul Han y me topé con esta frase:

«El sujeto obligado a rendir compite consigo mismo y cae bajo la destructiva coerción de tener que superarse constantemente a sí mismo. Esta coerción termina siendo mortal».

La traduje a mi realidad y me impactó profundamente:

«La mujer, obligada a rendir, compite consigo misma y cae bajo la destructiva coerción de tener que superarse constantemente a sí misma. Esta coerción termina siendo mortal».

¿No te conecta con el síndrome de la impostora?

Si las palabras escritas causan impacto, ni qué decir de las pronunciadas. No hace falta ni tan siquiera una frase. Un vocablo tan sencillo como un «sí» o un «no» pueden llevarnos a la gloria o sumergirnos en la más profunda de nuestras miserias. Te cuento una experiencia que tuve al respecto.

En una época, estuve compaginando mis estudios en la universidad con un trabajo como secretaria. Trabajaba en un centro médico y uno de los clientes me dijo un día: «Mercè, ¿te animas a venir a trabajar con nosotros?». Era el responsable de Recursos Humanos de una grandísima empresa, ¡ni contarte mi sorpresa! Lo medité y le pregunté a una persona muy significativa para mí, una persona cuya opinión he escuchado siempre: «¿Tú me ves trabajando allí?» y su respuesta fue: «Sí». Una sola palabra tuvo el poder de desplegar mis alas.

A tenor de la importancia de las palabras, se me ocurre que sería una buena práctica revisar nuestro vocabulario. Por inercia, y de forma inconsciente, es posible que estemos utilizando términos que atentan contra nuestra autoestima, que alientan nuestra sumisión, que nos mantienen presas de la duda, que nos limitan a avanzar. Es un acto involuntario, proveniente de nuestra cultura estereotipada y sesgada.

«No soy capaz de superarlo»; «Siempre ha sido así»; «Por mucho que me esfuerce no lo voy a cambiar»; «Es lo que hay»; «Tú me ves con buenos ojos», etc. Demoledoras expresiones que, con demasiada frecuencia, pueden emerger de nosotras mismas.

Es tremendamente útil observar el modo en que nos expresamos para vislumbrar comportamientos que podemos estar propiciando o tolerando de forma inconsciente. Son formulaciones que provienen de nuestros modelos mentales.

Pero, por fortuna, también funciona al revés. Es decir, que si modificamos el uso de determinados vocablos podemos impactar en nuestros modelos mentales y poner en marcha una nueva conducta.

Te animo a que observes con curiosidad cómo te expresas y qué tipo de palabras utilizas, especialmente en situaciones que puedan ser retadoras para ti.

Pongamos un ejemplo: imagina que estamos ante una situación que nos resulta exigente y compleja. Podemos reaccionar diciendo:

«Tengo que enfrentarme a un reto complicado».

O bien afirmando:

«Estoy ante una situación retadora».

La primera respuesta me carga de peso (tengo que), me pone en estado de alerta (enfrentarme) y me angustia (complicado).

En cambio, la segunda, me alienta a poner en juego mi mejor versión y me abre nuevas posibilidades.

Una práctica muy útil es grabarse en circunstancias donde sospechamos que pueden estar al acecho nuestros sesgos y creencias. A veces es complicado hacerlo por respeto a las otras personas y por confidencialidad, pero también es cierto que, hoy en día con la irrupción de las reuniones *online*, podemos tener al abasto buen material de trabajo. Muchas de estas reuniones se graban en beneficio de las personas convocadas que no han podido conectarse.

Si tienes la posibilidad, escucha una de esas grabaciones con actitud crítica y constructiva. Presta atención a qué percibes detrás de tus palabras. Si ves que denotan desaliento, inseguridad, miedo, etc., o cualquier matiz que pueda comprometer tu desarrollo profesional, reescribe lo que has escuchado. Esta vez en positivo, con seguridad y confianza. Léelo en voz alta hasta que su lectura te arranque una sonrisa.

¡Experimenta la magia de las palabras!

Resignificación de palabras

Te sigo hablando un poquito más de palabras. Es que me gustan mucho, siempre me han gustado... Recuerdo que, de pequeña, las coleccionaba. Por las noches, al regresar del colegio, repasaba mentalmente las palabras nuevas que había aprendido. Pero pronto me di cuenta de que lo habitual era no incrementar mi particular lista. Así que empecé a leer cada día unas pocas páginas del diccionario. Comencé por la «A» de «aarónico», que ya no existe, la sacaron por desuso. Luego venía «aba», una interjección que significa «cuidado», pero pronto también la borrarán, ¿quién la utiliza?

Sigo recordando y me viene a la memoria que me encantó conocer el significado de «manada» cuya definición es «conjunto de ciertos animales silvestres de una misma especie que andan, viven, cazan en grupo» y ponía como ejemplo «manada de lobos». Si has tenido ocasión de leer *Alfas y Omegas*, el libro que escribí con Victoria Yasinetskaya, ya habrás visto que es justo la manada de lobos y lobas el ejemplo metafórico que elegimos para explicar el concepto de lo masculino (alfa) y lo femenino (omega).

Otra palabra que me cautivó fue «felicidad». La percibía inmensa, luminosa, cálida, arrulladora, inspiradora. Pero me temo que este término está siendo vilipendiado. Últimamente la concibo cada vez más pequeña, más gris, más fría, más impuesta. Hemos cogido esta preciosa palabra y la hemos colocado como una aspiración en nuestras vidas y alrededor hemos creado una enorme industria que define, regula y suministra todo lo necesario para conquistarla.

Hemos establecido criterios y duras responsabilidades: ser feliz depende de cada cual, y si no somos felices es porque no nos hemos esforzado suficientemente. ¿De verdad? Esta resignificación de «felicidad» tiene mucho de hedonista y demasiado de individualista. Se trata de alcanzar «mi felicidad», por tanto, ¿qué importa lo que le ocurra a la vecina?

La hemos encorsetado, etiquetado e impuesto. Sí o sí hay que ser feliz o como mínimo aparentarlo. Y las redes sociales se han erigido como el vehículo ideal para llevar a cabo nuestro objetivo. Y, ya puestas, nos instituimos como verdugas de aquellas personas que no consiguen atraer ni una pizca de felicidad a sus vidas; ¿será que no se lo merecen?

Sí, lo sé, estoy siendo algo tajante, pero un poco de razón tengo, ¿no?

A veces pienso que nos hemos quedado cortas de palabras, que igual necesitamos crear nuevas, sin servidumbres. Palabras que aúnen presente y futuro. Palabras cargadas de energía transformadora. Palabras que al pronunciarlas nos emocionen. Palabras que al escucharlas nos inciten a la acción. Palabras, o quizás una sola palabra que nos haga despertar.

Mientras nacen estos nuevos vocablos cargados de intención, te propongo que resignifiquemos al menos una palabra, una que nos puede condicionar significativamente en nuestro desarrollo profesional. Estoy hablando de la palabra «éxito».

Si me dejo llevar por mi hemisferio izquierdo, enfocado en el tener y en el hacer, el éxito estaría relacionado con:

- **Lo que tengo**. Es decir, que el éxito correlaciona con los signos visibles de lo que se posee. Una visión materialista, basada en la acumulación y que precisa de una ostentación más o menos sutil para que nos sintamos exitosas.
- **Lo que hago**. Dejamos atrás la materialidad y damos protagonismo a la posición que se ocupa, a las actividades que se desarrollan. Ya no importa tanto el acopio de bienes materiales como el estatus social o intelectual que se ha logrado alcanzar. Importa la «tarjeta», el cargo que se ostenta, la trayectoria que se ha recorrido.

Ahora le cedo protagonismo a mi hemisferio derecho, emocional y enfocado en el ser o sentir, y me confronta con una versión distinta del éxito:

- **Lo que soy.** Me habla, ante todo, de que el éxito tiene mucho que ver con la libertad. De que en el soltar está la clave, de que cuanto más me aferre a lo que tengo y a lo que hago, menos libre y más esclava. Que el ser, como verbo, nada tiene que ver con el tener o el hacer, sino con el cultivo de actitudes que me moldean y me permiten generar abundancia (enorme palabra que aglutina lo material y lo inmaterial) para mí misma y para mi entorno.

Quizás el verbo «soltar» es el que más nos puede ayudar a resignificar la palabra éxito: soltar el apego a la acumulación de bienes materiales y soltar el apego al reconocimiento externo para poderme centrar en mí, en lo que soy, en lo que siento.

En un momento dado, me planteé qué era el éxito para mí. Necesitaba resignificarlo para seguir adelante en mi proceso de evolución personal y profesional.

Empecé a cuestionarme sobre «el tener» y a atreverme a soltar ciertas necesidades autoimpuestas. Recuerdo el momento en que regalé más de veinte trajes chaqueta con sus zapatos y bolsos a juego. Para mí, estas prendas y accesorios estaban muy conectadas con el personaje que había estado construyendo durante años y que me tenía medio prisionera.

Tengo que decirte que ese «soltar» me sacó de encima un montón de capas de ese personaje que me había ido calzando con el transcurrir del tiempo y liberó en mí un torrente de energía que pude encauzar hacia nuevas metas.

Seguidamente, me cuestioné sobre «el hacer». En esa época, trabajaba unas doce horas diarias y viajaba constantemente. Disfrutaba muchísimo y estaba aprendiendo mucho pero el esfuerzo que me requería tanta dedicación estaba desequilibrando otras facetas importantes de mi vida. Así que decidí «soltar» un buen número de actividades que, en el fondo, eran irrelevantes. Dejé de asistir a determinadas cenas, eventos, foros, etc., cuya máxima era figurar y me concentré en aquello que realmente tenía sentido y propósito para mí. Dejé ese «hacer para los demás» y me centré en mí.

Y ese «centrarme en mí» me llevó, inexorablemente, a iniciar un profundo camino de autoconocimiento. Un camino que, después de haber pasado tantos años, sigo recorriendo. En este andar me he dado cuenta de que la vida está repleta de momentos mágicos que actúan como resortes y nos empujan suavemente en nuestro transitar. Comparto contigo uno de esos momentos que fue muy significativo para mí.

Cuando estuve por segunda vez en Tanzania visité de nuevo Gombe, el santuario donde Jane Goodall, reconocidísima etóloga, estudió el comportamiento de los chimpancés durante años. Escondida en este paraíso natural, se encuentra una impresionante cascada. Y fue de pie frente a ella, empapada por su brisa, cuando comprendí profundamente el significado de soltar. Contemplar la caída de esa inmensa cortina de agua, escuchar su ruido atronador y ver cómo ese descenso dejaba paso a un agua que avanzaba tranquila, en un fluir eterno, me inspiró en lo más profundo.

Ahora, si te apetece, nos ponemos manos a la obra. Te propongo que resignifiques qué es el éxito para ti. Repito, para ti. Y que lo hagas soltando ataduras y convenciones. Para ello te insto a que, de una en una, reflexiones en torno a las cuestiones que siguen a continuación. Como siempre, hazlo sin prisas, dejando que las palabras resuenen en ti hasta que emerja alguna respuesta.

Cuestiones:

- ¿Qué necesitas **tener** hoy para sentirte exitosa?
- ¿Qué necesitas **hacer** hoy para sentirte exitosa?
- Cuando pienso en la palabra éxito, ¿qué **siento**?
- Cuando pienso en la palabra éxito, ¿qué **soy**?

Cuando hayas finalizado la reflexión sobre las frases anteriores, tómate tu tiempo para hacer lo mismo con las que te sugiero a continuación:

- ¿Qué voy a soltar de esa necesidad de tener?
- ¿Qué voy a soltar de esa necesidad de hacer?
- ¿Qué voy a soltar y qué voy a abrazar para sentirme sin ataduras?
- ¿Qué voy a soltar y qué voy a abrazar para ser lo que realmente quiero ser?

¡Buen trabajo!

Rompiendo con el silenciamiento de la voz de la mujer

Como no puede ser de otra manera, la forma en que nos comunicamos también está impregnada de nuestra historia. Lo que conlleva que, agazapados entre palabra y palabra, entre gestos y silencios, se vayan manifestando estereotipos y dejes de discriminación.

Si queremos que nuestra comunicación sea una baza que juegue a nuestro favor, entonces es preciso que aprendamos a reconocer las sutilezas que la estructura de género y la predominancia masculina imprimen a todo acto comunicativo.

Para ello, quiero reflexionar contigo sobre un aspecto que nos ha jugado en contra desde tiempos inmemoriales como es el silenciamiento de la voz de las mujeres que se ha producido a lo largo de la historia.

Tanto es así, que incluso está documentado desde hace casi tres mil años. Lo vemos en la *Odisea* de Homero, el relato épico de Ulises tras la guerra de Troya y de su leal esposa Penélope, quien estuvo tantísimo tiempo aguardándole y ahuyentando a pretendientes que ansiaban casarse con ella. Es bien conocida la escena en que Penélope desciende de sus aposentos privados a la gran sala del palacio y pide a un cantor de poemas épicos que cambie de tema, pues no le agradaba la forma en que estaba relatando vicisitudes de los héroes griegos en su retorno a casa.

En ese instante, el joven Telémaco le espeta: «Madre mía, vete adentro de la casa y ocúpate de tus labores propias, del telar y de la rueca... El relato estará al cuidado de los hombres y, sobre todo, del mío». Y Penélope se retira sin mediar palabra a sus habitaciones. Una versión primigenia y contundente del «cállate, mujer».

La versión moderna del silenciamiento de la mujer está representada hoy en día con comportamientos algo más sutiles. Uno de los más significativos es la interrupción masculina, es decir, cuando un hombre interrumpe a una mujer sin necesidad. Este comportamiento dificulta que las mujeres nos expresemos, impactando en nuestra imagen profesional y en nuestra autoestima.

En la web www.womaninterruptedapp.com hay datos muy reveladores, refrendados en sendos estudios. Por ejemplo, que los hombres interrumpen un 23 % más a las mujeres que a otros hombres, que estos dominan el 75 % de las conversaciones de negocios o que, en una entrevista televisada a postulantes a la presidencia de Brasil, las mujeres fueron interrumpidas cuatro veces más que los hombres.

Otra variante del silenciamiento es la atención y el respeto que dispensamos a la persona que está hablando en función de que sea un hombre o una mujer. La pregunta clave aquí es: ¿escuchamos de la misma manera a una compañera, jefa, conferenciante o gurú que lo haríamos si fuera un varón? Pues, lamentablemente, la respuesta es NO.

Un buen número de investigaciones arrojan diferencias importantes en la atención, la credibilidad y la percepción del interés que suscitan los discursos o aportaciones hechos por un hombre o por una mujer. Ganan ellos de calle.

Quiero contarte una experiencia surrealista que tuve al respecto. Se dio en el contexto de una conferencia donde participábamos dos ponentes, un conferenciante motivacional y yo en calidad de experta, siendo el tema el desarrollo de la mujer en el ámbito laboral. Realizamos cada uno nuestra charla abriéndose a continuación un coloquio entre nosotros y el público. Lo que aconteció fue que esta persona empezó a opinar sobre temas que no eran de su especialización, respondiendo a preguntas que la lógica decía que contestara yo. Me refiero a cuestiones relacionadas con el hecho de sentirse discriminada o minusvalorada en el trabajo, por ejemplo. Y lo interesante fue ver cómo una parte de la audiencia le confirió autoridad. ¡Ni te cuento lo que me costó colocarlo en su lugar!

Sigo con el silenciamiento. Y esta vez tiene que ver con la forma concreta en que unos y otras nos expresamos. Me explico: es frecuente que ellos tiendan a elevar la voz, a hablar los primeros y a decir la última palabra, así como a mantener un pulso por el turno de palabra. Son, mayoritariamente, usuarios de una comunicación clara y directa.

En nosotras, en cambio, es más típico lo que se llama el «circunloquio», una figura retórica que consiste en expresar mediante un rodeo lo que podría decirse de forma más breve y directa. Esta manera de expresarnos nos causa sus problemas, pues fundamenta esa percepción que se tiene a menudo de que somos más rebuscadas e incluso liantas.

Como todo lo que estamos compartiendo, este uso comunicativo también tiene su razón de ser. Te pido que pienses en lo siguiente:

¿Qué pasa cuando un hombre tiene un discurso contundente, claro, directo, resolutivo, que va al grano? Pues que arroja una imagen de liderazgo, de persona que sabe lo que dice, de poderío.

¿Y qué pasa cuando una mujer se expresa de forma contundente, clara, directa, resolutiva, que va a lo que va? Pues que su imagen es, cuanto menos, de autoritaria y mandona.

Hay que tener muy presente que a nadie nos gusta caer mal. Todo lo contrario. Nos encanta sentirnos apreciadas y valoradas. Así que, a resultas de un proceso inconsciente, no solemos arriesgar mucho utilizando un estilo de comunicación directo y contundente que nos pueda descalificar y etiquetar negativamente. Más bien acontece que nos nace un estilo comunicativo tirando a indirecto y poco desafiante, que nos hace aparentar más condescendientes y comedidas. Y, como ya intuyes, esto resta puntos a la imagen de líder que pueda estar proyectando.

Dando un paso más y entendiendo el silenciamiento de la voz de la mujer como una metáfora de nuestra invisibilización, quiero compartir contigo un par de anglicismos. Son términos que reflejan una manipulación en los procesos comunicativos y que, como los anteriores, apagan nuestro brillo.

El primero es el *hepeating*, término que se usa para hacer referencia a la práctica que consiste en ignorar una idea o sugerencia de una mujer pero que luego se acepta fácilmente o es aplaudida cuando la relata un hombre.

Ocurre en reuniones de trabajo ordinarias y también en el trabajo realizado por decenas de científicas, filósofas o artistas que se han visto relegadas al anonimato aun cuando de su mente surgieron grandes propuestas que solo obtuvieron reconocimiento cuando fueron contadas por un hombre.

El otro vocablo es el *mansplaining*, que conjuga las palabras inglesas *man* ('hombre') y *explain* ('explicar'). Significa la explicación dada por un varón a una mujer en un tono paternalista, presuponiendo de forma injustificada que ella no tiene conocimiento de lo que se está hablando. Este término esconde tras de sí esa creencia difuminada de que el mundo de los negocios, la política, el deporte, etc., es un mundo de hombres del que la mujer tiene un profundo desconocimiento.

Recuerdo una reunión de trabajo donde presenté las características y el circuito de un nuevo producto financiero. Antes de finalizar mi explicación, un alto mando me interrumpió y empezó su discurso diciendo: «Lo que Mercè quiere decir...» y fue repitiendo, frase por frase, lo mismo que había contado yo. Me quedé perpleja. Ese tipo no tenía ni idea de lo que estaba hablando y me estaba parafraseando a mí, ideóloga e implementadora del producto que estaba presentando. En fin.

Según afirma Rebecca Solnit, autora de *Los hombres me explican cosas*, dar a luz el término *mansplaining* ayuda a superar «la pendiente resbaladiza de los silenciamientos» y, como afirma Estrella Montolío, catedrática de Lengua Española en la Universidad de Barcelona, también sirve para visibilizar «una realidad hasta entonces (el momento de acuñación del término) innominada, pero que las mujeres conocíamos muy bien».

De esta forma, lo relevante de ponerle nombre a determinados abusos comunicativos queda muy bien descrito en las palabras de Solnit: «Es difícil, a veces imposible, valorar lo que no se puede nombrar o describir, por eso la tarea de nombrar y describir es esencial en cualquier revuelta contra el *statu quo*».

Ni qué decir que el uso del *hepeating* o del *mansplaining* no es común a todos los hombres. Agradecida a todos aquellos que, leyendo este texto y viendo identificado a alguno de sus colegas, decidan ayudarnos a erradicar esta práctica sometedora.

Ahora, déjame darle una vuelta de 180 grados al término «silenciamiento» y reflexionar sobre el «autosilenciamiento». Sí, sí, el silenciamiento que nos imponemos a nosotras mismas.

Este concepto tiene su máxima plasmación en tres actitudes diferenciadas.

Por un lado, la tendencia a disminuir el valor de lo que pensamos, decimos o hacemos. Algo así como una falsa modestia que queda expresada en el uso de la conjugación condicional y de adverbios tipo «quizás» o «seguramente». Por ejemplo, cuando nos damos de menos con expresiones del tipo: «Bueno, quizás lo mejor sería que hiciéramos esto o aquello» o también del estilo «Seguramente ya lo sepáis, pero me parece interesante compartir con vosotros algo que he descubierto...».

Por otro lado, está esa costumbre tan femenina de «socializar» los logros. Se traduce en el uso intensivo del plural ocultando tras de sí un YO en mayúsculas. Por supuesto que es empático y estimula el espíritu de equipo utilizar un «nosotros» en lugar de un «yo» pero debemos tener en cuenta que el ámbito organizativo nos puede penalizar si utilizamos de forma intensiva esta formulación.

Es pertinente tener en cuenta que a nosotras nos resulta casi natural difuminar nuestros logros mientras que, para ellos, lo natural es expresar sin reparos sus logros individuales. Como decía, este hecho puede revertir en una desventaja en nuestra promoción profesional e, incluso, en nuestra visibilidad en términos más genéricos.

La última de las tres actitudes relacionadas con el autosilenciamiento que quería comentarte tiene que ver con la comunicación no verbal. Piensa un instante en cómo se acomoda un hombre o una mujer en un espacio público. Ellos suelen desplegarse cómodamente. Abren piernas y brazos, se espachurran en la butaca sin más. Nosotras, al contrario, lo más habitual es que nos repleguemos sobre nosotras mismas, cruzando brazos y piernas, encogiéndonos.

Este hecho, por folclórico que parezca, no es baladí. Afirma la neurociencia que nuestro cerebro (y el de la persona que tenemos en frente) interpreta que, a menor ocupación física del espacio, menor ocupación entendida en la espera pública. Esto es que, al replegarnos sobre nosotras mismas, nos estamos enviando un mensaje de minusvaloración y, por supuesto, estamos enviando una señal al exterior de inseguridad y poco poder.

Con todo lo contado, he querido evidenciar cómo de estereotipado es el hecho comunicativo. Si durante siglos se ha ensalzado la modestia y la discreción en la mujer, entonces no es de extrañar que tendamos a esconder lo que sabemos, que no queramos despuntar demasiado, que nos autosilenciemos, que utilicemos circunloquios para no molestar a nuestro interlocutor o que socialicemos con un «nosotros» para enmascarar un rotundo «yo». Y todo ello, importante tenerlo en cuenta, lo hacemos de una forma inconsciente.

Lamentablemente, en el entorno profesional lo habitual es que prime un estilo comunicativo masculino. Es decir, una comunicación directa, clara y contundente. Pero también es cierto que, cuando nosotras asumimos este modelo, corremos el riesgo de ser etiquetadas como poco empáticas, petulantes o incluso maleducadas. Y si, por el contrario, somos fieles a un estilo de comunicación más femenino, la etiqueta que se nos cuelga es de inseguras y poco capacitadas para el liderazgo.

Entonces, ¿estamos ante una encrucijada? Ciertamente lo parece..., pero no te apures. ¡Aquí estamos tú y yo para cambiar las reglas del juego! ☺

Para mí, lo importante es que tengamos claro qué es lo que acontece en el terreno donde lidiamos nuestra partida, que decidamos conscientemente si estamos o no dispuestas a asumir las consecuencias de modificar «lo que se espera de nosotras» y que nuestro estilo comunicativo sea un reflejo fidedigno de nuestros valores y principios.

Sigamos con una serie de pautas que pueden ayudarte a reformular tu estilo de comunicación hasta lograr que sea tu mejor aliado.

Decálogo. Mi comunicación más verdadera

Un decálogo es un conjunto de recomendaciones o sugerencias que pueden resultar esenciales para conseguir un objetivo.

Es, con esta intención, que he elaborado este particular decálogo enfocado a conseguir una manera de comunicar que sea lo más verdadera posible para cada una de nosotras. Permitirnos ser verdaderas nos saca presión de encima, nos libera de corsés, aflora nuestras fortalezas y nos conecta con las otras personas de una forma muy potente.

Que sea tu manera de comunicar la herramienta perfecta para mostrar al mundo tu verdad.

Te sugiero que leas detenidamente cada una de las diez recomendaciones o sugerencias y que las vayas personalizando según tus necesidades y objetivos particulares. Pongamos un ejemplo: el punto dos puedo reescribírmelo como: «Cuando me interrumpan, guardaré dos segundos de silencio y, a continuación, diré: Si te parece, voy a continuar con mi explicación».

La comunicación es algo muy dinámico, que va pasando continuamente. Si he reflexionado y trabajado a conciencia en mi decálogo, tengo muchas más posibilidades de que, en el directo, pueda aplicar las pautas que he formulado para el estilo de comunicación que yo he decidido tener.

Vamos a ello:

1. **Confío en mis dotes comunicativas.** La comunicación es una de las habilidades conectadas con el hemisferio derecho. Y ya hemos dicho que, históricamente, las mujeres hemos hecho un uso intensivo de este hemisferio cerebral. No es que no sepas comunicar, sino que lo único que podrías precisar es encontrar tu propio camino. Ese camino libre de ataduras que te permitirá expresarte de la manera que más te haga brillar.

   Nota: intenta relacionar cualidades tuyas ligadas a la comunicación y apóyate en ellas. Por ejemplo: «Tengo un tono de voz muy agradable»; «Tengo chispa cuando cuento las cosas», etc.

2. **Si me interrumpen, lo digo.** Presta atención a si eres interrumpida mientras expresas tu opinión o ideas en público. Si es así, hazlo notar a tus interlocutores y reanuda tu discurso.

3. **Si lo tengo claro, lo digo claramente.** No hace falta que utilices circunloquios ni des rodeos comunicativos. Si lo tienes claro lo cuentas y ya está.

4. **Si reinterpretan mis palabras, no lo dejo pasar.** Lo que quieres decir es lo que estás diciendo. Si alguna persona necesita aclaración se la damos tranquilamente. No precisamos de un traductor.

5. **Si me roban mis ideas o aportaciones, no lo permito.** Tener una idea, crear un concepto, idear un producto o servicio, conceptualizar una aportación, tiene muchísimo valor. Encantada de compartirlo contigo, pero no secuestres lo que yo he creado.

6. **Me enorgullezco públicamente de mis logros.** Eso sí, con humildad y respeto hacia las otras personas. Nunca con soberbia ni prepotencia.

7. **Ocupo el espacio sin complejos.** Porque no tengo nada que ocultar, todo lo contrario. Quiero posicionarme bien para poder compartir mi talento y mis valiosas aportaciones.

8. **Honro el equilibrio entre mi esencia femenina y masculina.** Soy asertiva y expreso mis opiniones y sentimientos, colocando límites cuando es preciso. De la misma forma que guardo silencio o escucho profundamente si las circunstancias lo requieren.

9. **No tolero ni participo pasivamente de las faltas de respeto en mi entorno.** Tolerancia cero con bromas, chistes o comentarios que denigren a la mujer. Me comprometo a frenar las interrupciones, robo de

ideas o *mansplainings* a otras mujeres que pueda presenciar.

Puedes utilizar frases del tipo: «Disculpa, deja que Fulanita acabe con su turno de palabra; me parece muy interesante lo que está contando». Lo ideal sería que, a priori, te compinches con otras posibles asistentes para que actuéis todas en el mismo sentido. ¡Ya verás lo eficaz que resulta!

10. **Definitivamente, hago que mi voz se escuche.** En capítulos anteriores, ya hemos aprendido a saltar barreras y superar obstáculos. No dejes que el entorno te acompleje. Tu voz es importante y puede ser fuente de inspiración para muchas mujeres.

Toca dejar atrás de una vez por todas ese injusto y limitante «¡Cállate, mujer!».

Es tiempo de propagar a los cuatro vientos: «¡Habla, mujer!».

7.
Poder y dinero

Si hemos apostado por nuestro desarrollo profesional, en algún momento vamos a tener que lidiar con dos conceptos superpotentes: el poder y el dinero. En muchos momentos de nuestra historia como mujer, tanto el acceso al poder como al dinero nos ha sido vetado o, cuanto menos, condicionado.

Por tanto, no es de extrañar que muchas mujeres hoy en día tengan cierta dificultad en manejarlos.

En este capítulo veremos el sentido profundo del poder y del dinero y cómo establecer una relación beneficiosa con ambos.

Mi relación con el poder. Simbología y significado profundo

Hablar de poder resulta a menudo complicado. Hay mucho prejuicio (en positivo y en negativo) escondido entre sus letras que hacen de este vocablo algo extasiante o aborrecible.

Recuerdo cuando asistí a un programa internacional sobre *systemic management*, impartido por Cecilio Fernández Regojo. Una formación singular dirigida a integrar y desarrollar una nueva visión sistémica de personas y organizaciones. Estábamos haciendo un ejercicio práctico cuando, sin mediar palabra, Cecilio me espetó:

—Mercè, ¿a ti qué te pasa con el poder?

Me quedé de piedra. Tras la sorpresa, argumenté:

—No quiero saber nada del poder, no me interesa.

A lo que me respondió:

—Entonces tienes un problema.

—¿Qué quieres decir?

—Que si rechazas el poder, tu camino estará muy limitado.

Y zanjó la conversación.

Mi respuesta tuvo una razón de ser: en el ejercicio de mi profesión, había tenido ocasión de estar muy cercana al poder. Matizo: a un tipo específico de poder al que yo, por aquel entonces, entendía como «el poder».

Y, no en pocas ocasiones, había sido testigo de su versión más abusadora y denigrante. Me repugnaban esas escenas y puse distancia para protegerme de su influencia.

Con el transcurrir del tiempo y mucho investigar, comprendí que lo que yo entendía por poder era tan solo una de sus manifestaciones. Que el poder es una energía y, como tal, permite múltiples manifestaciones y que depende de cada persona cómo acabe siendo esta formulación.

Aquel intercambio codificado con mi profesor quedó resonando en mí durante una buena temporada. Así que empecé a indagar. ¿Qué es el poder? ¿Por qué nos detona reacciones viscerales? ¿Cuál es su sentido profundo? ¿Por qué a las mujeres nos cuesta tanto relacionarnos con él? Había mucha tela por cortar.

Te comparto lo aprendido, que, a decir verdad, me ha dado mucha luz. Estoy plenamente reconciliada con el poder y lo deseo, ¡y mucho! 😊

Empiezo.

Como todo en este mundo, el poder también es energía. Y, como cualquier energía, no es ni buena ni mala, sino que su efecto generador o destructor va en función del uso que se le dé.

Y esta energía concretamente, la del poder, encapsula la posibilidad. Reformulando, el poder es, en esencia, la energía de la posibilidad.

Es significativo que la palabra «poder» provenga del verbo latino *potere* que, a su vez, encuentra su origen en la expresión *pote est*, que se traduce como «puede ser» o «es posible». Por tanto, «poder» como sustantivo expresa la capacidad de hacer algo posible.

Complementa esta acepción del poder su utilización como verbo. Poder correr, poder saltar, poder desarrollarse, poder descansar, poder escoger... De este modo, «poder» conjugado como verbo entraña en sí mismo la posibilidad. Fíjate que, si buscamos sinónimos, encontramos propuestas del tipo: ser posible, probable o capaz.

De pronto, entendí a lo que se refería mi profesor: si rechazas el poder, tu camino estará muy limitado. Claro, ¡me estaba negando a la posibilidad!

Otro aprendizaje muy significativo para mí fue discernir la fuente del poder. Es decir, de dónde emana este. Lo dice tajante David R. Hawkins en su libro *El poder frente a la fuerza*: el poder surge del significado. Por tanto, el poder está siempre asociado con aquello que apoya el significado de la vida misma.

Por tanto, si nuestra vida tiene sentido para nosotras, entonces somos poderosas. En cambio, si nuestra vida adolece de sentido ese poder se va marchitando y diluyendo.

El grado de intensidad de la pérdida de sentido puede ser muy amplio. Puede ir del extremo de percibir que vivimos una vida vacía y caer en un proceso depresivo, hasta esa otra pérdida de no encontrar sentido al trabajo que estoy realizando.

Sea como sea, la pérdida de sentido siempre está asociada con la pérdida de poder. Menos sentido, menos poder personal. Más sentido, mayor poder personal.

Si nos centramos en el ámbito laboral, perdemos poder cuando no vemos para qué sirve lo que estamos haciendo, para qué nos estamos esforzando tanto o con qué finalidad estamos renunciando a otras actividades que nos llenan mucho más. Y, por el contrario, ganamos poder cuando percibimos que nuestro esfuerzo y trabajo tienen un sentido, cuando percibimos que merece la pena lo que estamos haciendo.

Profundizando algo más, lo que realmente da sentido a nuestra existencia es que aquello que hagamos acabe redundando en un bien para la comunidad. Es decir, que lo que hagamos no esté tintado de egoísmo, sino de generosidad, compasión y amor.

Y lo interesante es que no se trata de hacer cosas épicas, sino de colocar claramente la intención. Que lo que haga, sea lo que sea, tenga la intención última de contribuir al bien común.

De esta forma, es en ese estado intencional donde reside mi verdadero e inacabable fuente de poder.

Relación mujer y poder

Merece capítulo aparte la relación que las mujeres, en términos generales y a menudo inconscientemente, tenemos con el poder. Una relación acorde a nuestra historia colectiva y que ha ido dejando su poso a la largo de los siglos.

Fíjate que nuestro modelo cultural y mental de persona poderosa sigue siendo esencialmente masculino. A pesar de que hoy en día hay muchas más mujeres ocupando lugares de poder que hace unas décadas, si pedimos a un grupo de personas que cierren los ojos e invoquen la imagen de alguien que ocupa un lugar de poder, por ejemplo, una presidencia, la gran mayoría imagina en primera ins-

tancia a un hombre. Así de contundente actúa el estereotipo cultural.

Adicionalmente, cuando la imagen que aparece es la de
una mujer, suele mostrar claros rasgos masculinizados, ya
sea en su atuendo (vistiendo traje chaqueta, por ejemplo) o
en la forma de expresarse.

Más allá de los estereotipos, que las estructuras de poder
sean esencialmente masculinas tiene mucha lógica. Es el resultado de nuestra historia.

Lo que me interesa subrayar es que este tipo de poder es
relativamente nuevo para nosotras. Y que tiene sus propias
reglas de conducta que precisamos aprender. Y que esta
conducta puede ocasionarnos algún que otro dolor de cabeza.

Quiero relatarte una anécdota para ayudarme a clarificar
lo que te estoy contando.

En un momento determinado de mi carrera profesional fui
miembro de un comité de dirección mayoritariamente compuesto por hombres. Allí se tomaban decisiones, se manejaba
poder.

Me llamó un día mi jefe a su despacho y me dijo que le
había pedido a un *coach* que trabajara conmigo, pues mis colegas opinaban que era una persona «fría y distante».

Me pareció de lo más gracioso. ¿De dónde venía esa afirmación? Pues, como siempre, de los sesgos inconscientes.

¿Cuál es la imagen estándar de una mujer? Sonriente,
amable, colaboradora. ¿Y cómo suele ser el ambiente en un

entorno directivo, al menos en el que yo me desenvolvía? Pues competitivo, pragmático, hasta cierto punto intolerante e inflexible.

¿Y cómo me comportaba yo en ese entorno? Pues igual que todos mis colegas, de forma pragmática, competitiva y, si había que batallar, pues batallando. Y aquí entran en juego los sesgos, específicamente el sesgo perceptivo: Mercè tendría que comportarse como una mujer (me refiero a lo que los sesgos definen como una mujer) y, en cambio, se comporta como uno de nosotros. Hay una disonancia cognitiva: espero una cosa pero veo otra distinta. Y eso cruje, y mucho.

Fíjate que yo estaba en pleno ejercicio de mi poder, pero eso estaba causando un malestar en el grupo. Y esa incomodidad, lamentablemente, acabó revirtiendo en mí.

Con este ejemplo lo que te quiero decir es que manejar el poder en entornos profesionales puede resultar un ejercicio duro si eres mujer. Y esto lo sabemos muy bien a un nivel inconsciente; hecho que muchas veces provoca que ni tan siquiera sintamos la atracción por ejercitarlo.

O, si lo ejercitamos, es muy posible que nos represente un desgaste considerable. Un claro ejemplo es la dimisión de la que fue primera ministra en Nueva Zelanda, Jacinda Ardern, quien declaró perdiendo la voz e intentando contener las lágrimas: «Ya no tengo suficiente energía para desarrollar el cargo como es debido».

Y entonces, ¿cómo hacemos para ejercitar nuestro poder en el ámbito profesional sin sucumbir en el intento? Tras años de acompañar a líderes en su mejor ejercicio del poder, mi respuesta es contundente: encuentra tu fuente de poder, ese lugar solo tuyo, genuinamente tuyo, donde se gesta el sentido de vida y la determinación.

Recuerdo una mujer que tenía mucho conflicto con la asunción del poder. Lo veía como algo pernicioso y confrontarse con él la debilitaba. Era una mujer con un perfil claramente omega y su gran dificultad residía en que la única formulación que veía era un poder marcadamente alfa. Era como agua y aceite, imposible de conjugar.

Realizamos un precioso trabajo y el momento cumbre fue cuando ella comprendió que el poder, como energía que es, puede formularse de múltiples formas, también bajo el influjo de omega. Este es un poder sutil, envolvente, que no compite. Un poder amoroso e integrador.

Me emocionó mucho cuando su jefe me dijo: «Estoy impresionado con María. Lleva un tiempo que está ejerciendo desde otro lugar. La siento empoderada, ocupando todo su espacio».

Y así es como funciona. Hacemos el clic cuando entendemos que el poder no es ni bueno ni malo, que no se expresa de una única manera, que encuentra su fuerza raíz en el sentido que la vida tiene para nosotras. Justo en ese momento pasamos a ser poderosas.

Cómo lograr una efectiva relación con el poder

Te propongo que leas con detenimiento estas afirmaciones a fin y efecto de que te ayuden a reflexionar y, consecuentemente, a relacionarte de forma más eficiente con el poder. Dicho de otra forma, que te permitas ser todo lo poderosa que puedes llegar a ser.

- **El poder es energía, mejor sin juicio**
  Para lograr una efectiva relación con el poder lo primero es interiorizar su configuración energética. Recuerda que la energía se atrae entre sí y que, por tanto, si determinada expresión del poder te disgusta, te produce rechazo y la criticas, no haces más que alimentarla y quedarte atrapada, entrando en una espiral de desempoderamiento. Si determinada expresión del poder no te atrae, simplemente no la juzgues y concéntrate en lo que te sugiero en el siguiente punto.

- **Busca tu propia expresión de poder**
  El poder tiene su fuerza motriz en el sentido de vida. Busca qué da sentido a tu existencia y enraízate. Es una fuente inagotable de energía motriz y, por tanto, de poder.

- **Refuerza tu línea de coherencia**
  La incoherencia nos debilita. Trabaja duro para que lo que pienses, sientas y hagas esté alineado. Es la mejor defensa ante la corrupción.

- **Desmonta tu personaje**
  Al contrario de lo que pueda parecer, calzarnos un personaje para lidiar en determinados entornos nos debilita profundamente. Deja de identificarte con la imagen que has construido de ti misma a tenor de lo que crees que eres. Suéltala y empieza a hablar desde el corazón. Ya hemos hablado de la autenticidad. Puedes añadirle el matiz de ser una firme aliada del poder verdadero.

- **Actúa. No esperes a que te autoricen**
  Si has discernido qué da sentido a tu existencia y tu línea de coherencia es potente, estás preparada para tomar acción sin pedir permiso. Por si te ayuda, analiza primero las consecuencias que pueda tener llevar a cabo determinada acción. Asumirlas es empoderarse y llevarlas a cabo es el ejercicio del poder en su máxima expresión.

En el capítulo anterior sugería redefinir ciertas palabras. Sin lugar a duda, deberíamos redefinir qué es el poder y, sobre todo, qué significa ser poderosa. Porque, de serlo, ya lo somos, solo necesitamos creérnoslo.

Mi relación con el dinero. Simbología y significado profundo

Como titular te diría que, si el poder es la energía de la posibilidad, entonces el dinero es la energía del reconocimiento. Y detrás del reconocimiento se escuda algo tan significativo como la percepción de valor.

El dinero ha tenido distintas representaciones a lo largo de la historia. Así, tras la economía del trueque, se le otorgó un valor determinado a distintos objetos que empezaron a operar como dinero. Quizás el ejemplo más emblemático sería el de la sal. Posteriormente se acuñaron monedas cuyo valor estaba ligado al metal precioso del que estaban hechas. Más tarde apareció el papel moneda, respaldado su valor por reservas de metales preciosos hasta que, en el siglo xx, empezó a extenderse el uso del dinero fiduciario, un valor basado en la confianza. Esto se traduce en que, hoy en día, son los bancos centrales quienes otorgan la confianza del valor del dinero sin necesidad de estar respaldado por su contrapartida en metales preciosos.

Mirando esta evolución del dinero a lo largo de nuestra historia, dilucidamos otro concepto muy revelador: la confianza.

Y si unimos todos los parámetros mencionados, la concatenación que emerge es de lo más interesante: el dinero es la energía del reconocimiento, que se sustenta en la percepción de valor que, a su vez, está vinculada con la confianza.

Reformulado podríamos afirmar que la energía del dinero se activa con el reconocimiento a nuestra capacidad de crear valor que, a su vez, detona con la confianza en nuestras propias capacidades.

Quiero puntualizar que este «reconocimiento» y «confianza» tienen un fuerte componente intrínseco. Es decir, que está en juego la percepción que yo tenga de mí misma.

Sigo profundizando. El valor es un constructo mental que depende de una secuencia muy significativa. Así, una creencia da lugar a un pensamiento que a su vez genera una emoción que deriva en una conducta determinada. Y las creencias, como ya vimos en el capítulo 2, son las responsables de la otorgación de valor.

Por tanto, es fundamental revisar nuestras creencias si queremos reformular nuestra relación con el dinero. Profundizo un poco más.

En lo relativo al dinero existen dos tipologías de creencias dominantes: carencia y abundancia.

La primera creencia genera pensamientos limitantes del tipo «Cuesta mucho ganar dinero»; «El dinero se va con mucha facilidad»; «Por mucho que me esfuerce nunca seré rica»; «El dinero es sucio»; «El dinero envilece», etc., mientras que la segunda creencia, la de la abundancia, insta a pensamientos potenciadores, como por ejemplo, «Soy suficiente»; «Mi creatividad es ilimitada»; «Entrego mucho valor a las personas con quien me relaciono» o «El dinero genera bienestar».

Como hemos dicho antes, un pensamiento genera una emoción. Supongamos que nuestro pensamiento respecto al dinero es limitante, entonces experimentaremos emociones tan sobrecogedoras como la vergüenza (de no tener determinado estatus, por ejemplo), la culpa (de ganar más que mi pareja), la apatía (porque no me suben el sueldo), el miedo (a que no me alcance el dinero en un futuro), el deseo (manifestado como la necesidad de más y más dinero) o el enojo (por una experiencia negativa con el dinero vivida en mi familia). Como puedes constatar, estas emociones que te he ejemplificado son pura energía de carencia que nos proyectan indefectiblemente a una limitación en nuestra forma de actuar y de mostrarnos al mundo.

Si, por el contrario, nuestro pensamiento respecto al dinero es potenciador (tenemos confianza en nuestra capacidad de crear valor), entonces las emociones que afloraran tienen más que ver con el coraje (de pedir un aumento de sueldo, por ejemplo), el entusiasmo (de salir de nuestra zona de confort para abordar nuevos retos), la aceptación (del fracaso sabiéndome capaz de remontar de nuevo), la gratitud (por todo aquello que ya desarrollo o poseo), la alegría (de sentirme exitosa) o la plenitud (por saberme merecedora de todo lo bueno que llega a mi vida).

Estas emociones encarnan la energía de la abundancia, la síntesis de sentirse capaz de crear valor y sostenerlo.

Entonces, mi relación con el dinero, ¿de qué depende? De la confianza que tenga en mi capacidad de crear y sostener valor en mi mente y, necesariamente, de aceptar el reconocimiento a dicho valor.

Relación mujer y dinero

Como acontecía con el poder, la relación de la mujer con el dinero también mantiene una alta correlación con nuestra historia colectiva.

Fíjate que hemos establecido las creencias como origen de la limitación o la potenciación de la energía del dinero.

Y también, al inicio del libro, hemos establecido las creencias como uno de los pilares fundamentales donde se asientan los obstáculos y barreras que afrontamos las mujeres en nuestro desarrollo profesional.

Por tanto, trabajar nuestras creencias es algo clave para abordar un proceso de transformación profundo y evolutivo.

Te insto encarecidamente a que trabajes en profundidad tus creencias en general y, en concreto, que revises tu relación con el dinero.

Deseo de corazón que conectes con la abundancia, con ese maravilloso sentir que no necesitamos nada más para SER; que sostengas la energía del dinero, pues querrá decir que has aprendido a reconocer tu valor y a permitir que las otras personas lo reconozcan, y que llegue a ti toda la riqueza que tu estimes como reconocimiento a todo el valor que aportas como profesional y como persona.

En el próximo apartado te doy algunas ideas para trabajar tu relación con el dinero.

Cómo lograr una efectiva relación con el dinero

Como hemos visto, nuestra relación con el dinero presenta múltiples perspectivas y sustenta un componente emocional muy marcado.

Para ayudarte a revisar tu relación con el dinero y, si es el caso, a potenciarla, te propongo que realices sin prisas el ejercicio que encontrarás a continuación. Te sugiero que lo abordes como un trabajo de fondo, no como una receta mágica. Es a base de repetir y profundizar como irán produciéndose los cambios y aflorando los resultados. Este ejercicio se divide en dos partes. Por un lado, la calibración, siendo ese testar y definir cómo es nuestra relación con el dinero en estos momentos. Por otro lado, la sincronización, basada en alinear nuestra vibración con la energía del dinero.

Vamos allá:

Calibración

En esta primera parte de calibración, se trata de medir de la forma más precisa posible cómo nos relacionamos con el dinero en este preciso momento. Veamos:

• **Identificación de creencias.** Traza una línea del tiempo y piensa en los eventos más significativos relacionados con el dinero que han acontecido a lo largo de tu vida. Puedes ayudarte de la «mirada del helicóptero» que te proponía en el capítulo 2.

Por ejemplo, ¿cómo era la relación de tu familia con el dinero cuando eras pequeña? Imagínate que hubieras crecido en un entorno donde tus padres trabajaban duro, pero los finales de mes eran siempre complicados.

Muy probablemente esta experiencia haya implantado una creencia de escasez.

- **Identificación de pensamientos.** Haz una lista de los pensamientos que te abordan en cuando piensas en el dinero. No le pongas juicio, solo lístalos.

  Por ejemplo: el dinero es perverso, el dinero es la causa de muchos males, el dinero da la felicidad, etc.

- **Identificación de emociones.** Ahora se trata de listar las emociones que sientes cuando piensas en el dinero.

  Por ejemplo: me siento culpable por no hacer más actos de caridad o bien siento que la retribución que recibo no está acorde con el valor que aporto.

- **Identificación de conductas.** Colócate en una posición de observadora de tu propio comportamiento y analiza como reaccionas cuando:

  a. Una persona te alaba.

  b. Alguien te critica.

  c. Una persona pide tu opinión.

  d. Alguien ignora lo que le estás diciendo.

Una vez trabajados los cuatro puntos, toca responder la siguiente pregunta: ¿estoy satisfecha con mi relación con el dinero?

Si la respuesta es «sí», ¡enhorabuena!

Si la respuesta es «no», te propongo que sigas con el ejercicio.

Sintonización

La energía del dinero tiene una vibración alta y rápida.

Cuando nuestra relación con el dinero está basada en el paradigma de la escasez, nuestra vibración es muy baja y no logra conectar con la energía del dinero. En cambio, cuando establecemos una relación con el dinero basada en el paradigma de la abundancia, automáticamente nuestra vibración aumenta, conectando sin problemas con esa energía.

Por tanto, si queremos sintonizar con la energía del dinero, es preciso que nos construyamos un nuevo relato. Aquí tienes los aspectos que sí o sí debe contener:

• Confianza en mi capacidad para crear valor.
• Aceptar el reconocimiento a mi generación de valor.
• Reformular en positivo mis pensamientos sobre el dinero.
• Permitirme emociones vinculadas a la abundancia.
• Actuar acorde al nuevo paradigma.

Por si te ayuda, aquí tienes un ejemplo del tipo de relato que podrías articular.

He analizado la procedencia de mis creencias limitantes respecto al dinero. Las comprendo y acepto que hayan sido compañeras de viaje hasta este preciso momento. Con agradecimiento las despido y emprendo el camino hacia el paradigma de la abundancia.

Confío en mi fuerza creadora y reconozco mi capacidad de generar valor de forma inagotable, pues estoy enraizada en lo que da sentido a mi existencia.

Acepto con humildad y con satisfacción el reconocimiento externo al valor que aporto y, de la misma forma, doy la bienvenida a su representación en forma de dinero. Doy las gracias por cada euro (o la moneda que sea) que recibo y bendigo cada factura que pago, de la misma forma que entrego parte de mi valor a la sociedad sin esperar nada a cambio. Más allá de la riqueza, la abundancia está presente en cada momento de mi vida.

Sea como sea el relato que acabes articulando, lo importante es que sea auténtico para ti. Debe reflejar claramente la confianza en tus capacidades y el valor que aportas, la aceptación al reconocimiento y la gratitud.

Por último, ten en cuenta que el dinero es energía y que si no permitimos que fluya se colapsa y destruye.

¡Que el paradigma de la abundancia reine en tu vida!

8.
Bienestar y desarrollo profesional

Cuidando el cuerpo, la mente y el alma. Integrando mi sombra

Con todo lo que llevamos recorrido de libro, queda evidenciada la necesidad de cuidarnos. Pero cuidarnos de verdad, sin esnobismo. Esto no va de cremas y tratamientos (que también), sino de cuidarnos en todas y cada una de nuestras dimensiones fundamentales: cuerpo, mente y alma. Y añado también integrar nuestra sombra como elemento esencial para culminar nuestro bienestar.

Cuerpo

Sin duda, esta es la dimensión de cuidado más habitual. Hay mucho escrito al respecto y merece la pena que cada cual profundice para encontrar la fórmula que mejor le funcione. En mi caso concreto, he ido evolucionando con el transcurrir del tiempo y a medida que experimentaba lo aprendido.

Hace ya años tomé consciencia de la importancia de cuidar el cuerpo dada su condición de ser el vehículo que nos permite manejarnos en esta dimensión energética. Como escribí en mi primer libro, *Eres lo mejor que te ha pasado... ¡QUIÉRETE!*, si no tenemos una buena condición física es muy difícil alcanzar nuestras metas. Y no me refiero a un concepto puramente estético, no voy por ahí. Me refiero a cuidar y mimar ese organismo complejo, que es el cuerpo, para que pueda acompañar los designios de nuestra alma.

Cuidar el cuerpo es, entre otras cosas, cuidar nuestra alimentación y tiene mucho que ver con la conocida expresión «Somos lo que comemos». Yo sigo una dieta vegetariana desde los dieciséis años. Soy vegetariana por muchos motivos, pero sobre todo por el trato inhumano que dispensamos a los animales que nos proveen de alimento.

De este modo, cuando me cruzo por la carretera con un camión que transporta cerdos, pollos o terneras, no puedo más que imaginar el sufrimiento acumulado de esos seres. Me da una tristeza profunda todo el dolor que les estamos causando.

Y también pienso que ese sufrimiento, de alguna forma, acaba siendo ingerido por las personas que comen sus carnes. Y eso no es cuidar el cuerpo.

Tomar alimentos de proximidad, prestar atención a la ingesta de según qué tipos de harinas, abandonar el azúcar, reducir a la mínima expresión el consumo de productos precocinados o dejar de lado refrescos artificiales y bebidas energizantes, son algunas de las pautas alimentarias que nos pueden ayudar a mantener un cuerpo saludable.

Mi última experiencia relativa al cuidado de mi alimentación ha sido con el consumo de azúcar. Me encantan las tartas, los pasteles y cualquier tipo de dulce. Pero sentí, en un momento determinado, que tenía cierta dependencia y que, además, condicionaba mi estado de ánimo. Así que decidí abandonar la ingesta de azúcar. Los primeros días fueron complicados, pero tengo que decirte que ha valido la pena. He mejorado en concentración y dispongo de más energía para manejarme en el día a día.

Te invito encarecidamente a que investigues y a que experimentes con tu alimentación y veas cuál es la dieta que te genera mayor bienestar.

Por supuesto que el cuidado del cuerpo va más allá de una dieta equilibrada. Indiscutiblemente, también precisamos de un descanso de calidad y de un ejercicio moderado.

Sí, dormir nuestras horitas y dormirlas bien. Propiciar un sueño reparador. Un espacio de tiempo donde nuestro organismo pueda recomponerse y repararse. Un período temporal donde procesar lo vivido durante el día y asentar el conocimiento.

Una vez leí sobre la importancia de preparar nuestra mente para el descanso, dándole indicaciones para que entienda que toca desconectar y dejar los mandos al cuerpo para que haga sus procesos de restauración. Establecer un ritual que, a modo de pautas rutinarias, nos predisponga al descanso.

Me pareció muy interesante y lo puse en funcionamiento. En mi caso, recreo todo un ambiente relajante en mi dormitorio. Procuro tener una temperatura agradable, una luz siempre tenue, un olor que a mí me conecta con la sensación de bienestar, nada de tecnología y el menor ruido posible. Así mismo, intento irme a la cama con el estómago ligerito y habiéndome tomado una bebida calentita, tipo leche de avena con cúrcuma y una cucharadita de miel. Una vez estirada, unas cuantas respiraciones profundas, un agradecer sincero por lo acontecido durante el día y un poner el foco en algo sobre lo que necesito respuesta para que mi subconsciente haga su trabajo. Y, ¡hala!, buenas noches. Y tengo que decirte que me funciona.

Y voy cerrando este apartado de cuidado con lo tocante al ejercicio.

Nuestro cuerpo está diseñado para la acción, así que es importante ejercitarlo. Las bondades de realizar un ejercicio moderado son muchas, entre ellas una potente fuente de aprendizaje sobre nuestras capacidades y potencialidades.

Quiero contarte una experiencia muy relevante para mí relacionada con el deporte.

De joven, practiqué durante años karate. Empecé cuando, siendo una adolescente, mi padre me apuntó a un centro que acababan de abrir cerca de casa. No hacía mucho que me habían diagnosticado una disfunción de tipo nervioso en mi corazón y la recomendación del médico fue la práctica de deporte para liberar tensión.

De la mano de un Sensei (maestro) maravilloso, descubrí el poder de la concentración. Recuerdo, por ejemplo, cuando ejercitábamos la atención en un solo punto del lateral de la mano. Se trataba de focalizar ahí nuestra energía, sostenerla y, mágicamente, sin ningún esfuerzo, rompíamos tablones de diez centímetros de grosor. ¡Increíble! De esa época aprendí a reconocer, gestionar y liberar la energía a mi voluntad. Un aprendizaje que en ese momento no valoré, pero que con el transcurrir de los años se ha vuelto un tesoro para mí.

Tengo que decirte que, desde hace ya tiempo, me he pasado al yoga y a largas caminatas en plena naturaleza. Y, cuando la disposición de tiempo apura, ¡bicicleta estática en casa! De hecho, no importa qué tipo de ejercicio realicemos, la cuestión es mover nuestra energía. A modo de dinamo, el movimiento activa nuestra luz interior.

Mente

Trabajando en equipo con el cuerpo está la mente. Una mente que tenemos más que explotada en un entorno tan racional como el que hemos creado. Asusta ver cómo han crecido las afecciones mentales en países occidentalizados, muy especialmente tras el confinamiento.

En nosotras, se observa una mayor presencia de estrés, depresiones, ansiedad, somatizaciones y trastornos de comportamiento alimentario. Y también patologías que tienen que ver con el dolor o el agotamiento, como son la fibromialgia o la fatiga crónica.

A título de ejemplo y según el Instituto Nacional de Estadística, en España por cada caso grave de episodio depresivo en un hombre, hay 3,5 mujeres afectadas.

Por supuesto que es multicausal, pero también está refrendado por muchos estudios que existe una alta correlación con factores psicosociales de género, léase sesgos inconscientes, creencias y su expresión en síndromes. Por nuestro bienestar y para la eficacia en nuestro desarrollo como personas y como profesionales, necesitamos imperiosamente cuidar nuestra mente.

Me interesó en su momento conocer el trabajo del doctor Joe Dispenza, autor de libros tan inspiradores como *Deja de ser tú* o *El placebo eres tú*.

Según Dispenza, se dan una gran variedad de frecuencias de ondas cerebrales en los humanos, que abarcan desde los bajísimos niveles de actividad registrados en el sueño profundo (ondas delta), el estado crepuscular entre el sueño profundo y el estado de vigilia (zeta) y el estado creativo e imaginativo (alfa), hasta las frecuencias superiores registradas durante los pensamientos conscientes (ondas beta) y las frecuencias más altas (ondas gama), vistas en estados elevados de conciencia.

A tenor de lo anterior, nuestros niveles de vibración se podrían resumir de la siguiente forma:

• **GAMMA.** Suele asociarse con estados mentales elevados, como la felicidad o la compasión. Se relaciona con un nivel de consciencia muy alto y con experiencias que solemos llamar «trascendentes».

- **DELTA.** Estas ondas representan el sueño profundo. Ese momento de muy poca actividad consciente donde el cuerpo se está renovando.
- **ZETA.** Este es el reino de lo abstracto, de la imaginación. Aquí el pensamiento racional y crítico casi no tiene presencia. Es el estado predominante cuando tenemos entre dos y seis años y donde se quedan grabados en el subconsciente mensajes del tipo: las niñas buenas están calladitas, los niños son más fuertes que las niñas o la noche es peligrosa. Interesante, ¿verdad? En la adultez se le llama «estado crepuscular» y es ese momento en que la mente consciente está despierta, pero el cuerpo está medio dormido. Es el espacio donde modificar creencias.
- **ALFA.** En este estado, las ondas cerebrales se vuelven más lentas, nos relajamos. Es un ligero estado meditativo. Si hemos estado leyendo o escuchando un pódcast y a continuación cerramos los ojos, aparecen las ondas alfa encargadas de fijar ese conocimiento.
- **BETA.** Estas ondas representan el pensamiento analítico. Nos pasamos la mayor parte de nuestro tiempo de vigilia en esta vibración. Se subdivide en tres niveles de frecuencia:

a. **BETA BAJO.** Estado de atención relajada, donde tenemos interés sin estar estresadas. Por ejemplo, se da al leer un libro.

b. **BETA MEDIO.** Tiene que ver con atención y cierto estado de alerta. Se daría, por ejemplo, cuando escribimos un correo electrónico.

c. **BETA ALTA**. Algo así como un estado de excitación estresante. El Dr. Dispenza lo describe como un mecanismo de supervivencia a corto plazo, fuente de estrés y desequilibrio a largo plazo.

Lamentablemente, la mayoría de las personas funcionan en beta alta la mayor parte del tiempo. Intentamos a cualquier precio ser todoterreno, competimos para conseguir nuestros objetivos, nos aferramos a nuestras pérdidas, nos dejamos arrastrar por las circunstancias, etc. Y esto acarrea altos niveles de estrés que acaban detonando diferentes patologías en nuestro organismo.

Además, los estados sostenidos de vibración en beta alta nos mantienen prisioneras del mundo exterior, dificultándonos mucho conectar con nosotras mismas y escuchar y atender lo que realmente anhelamos y necesitamos.

Propuesta para ti

Toca, inexorablemente, tomar consciencia de nuestro nivel de vibración y, si es el caso, aminorarlo. Hay demasiado en juego como para no gestionarlo.

A continuación, te escribo una serie de afirmaciones. Si te apetece, léelas con atención. Vamos:

* Critico a las personas que conozco.
* Estoy centrada en mis problemas.
* Juzgo cómo es mi cuerpo.

- Me aferro a los bienes materiales y me da miedo perderlos. Quiero más.
- Siento que el tiempo se me escapa, que no llego.
- Percibo mi mente dispersa, me cuesta concentrarme.
- Voy basculando del pasado al futuro y al revés. Tengo dificultad para mantenerme en el presente.

¿Con cuántas te sientes identificada? Lo normal es que con varias de ellas. Son afirmaciones que corresponden a una mente vibrando en beta alta, una frecuencia donde se instala de forma habitual más del ochenta por ciento de la población. La forma más eficaz de bajar la vibración es mediante la meditación, en cualquiera de sus formas. Existen muchas maneras de meditar y lo ideal es que encuentres el estilo que más vaya contigo. Desde la meditación sentada que propone el budismo, al *mindfulness* o la meditación que se ejercita andando, como proponía el gran maestro zen Thich Nhat Hanh.

La que quieras, pero, por favor, investiga, encuentra y practica asiduamente cualquier forma de meditación que te ayude a atenuar el ritmo frenético al que suele manejarse nuestra mente.

Por si te sirve, te comparto una manera rápida de bajar «las revoluciones» cuando estamos en un contexto que no nos permite ponernos a meditar sin más. Lo he usado en situaciones profesionales muy retadoras como, por ejemplo, en reuniones de trabajo donde el nivel de crispación entraba en una espiral ascendente.

Es así de sencilla:

- Coloca el dedo índice justo debajo de la nariz y empieza a prestar atención a la respiración.
- Inhala en tres tiempos, retén el aire en uno y exhala en tres tiempos de nuevo.
- Focaliza tu atención en la suave caricia que el aire que respiras hace a tu dedo.
- Repite la secuencia siete veces. Si te es posible más, mucho mejor.

Verás cómo, rápidamente, mejora tu atención y estado de ánimo.

Alma

Hemos hablado del cuidado del cuerpo, de la mente y ahora quisiera abordar otro ángulo que, seguramente, sea menos habitual cuando estamos en contextos profesionales. ¿Qué pasa con nuestra alma? ¿La atendemos?

Hay muchas maneras de definir al alma. A mí me gusta especialmente la que dice que es «la esencia misma del ser humano».

Según Platón, las almas son divinas e inmortales y vienen a la tierra a cumplir su propósito. Si reinterpreto las palabras del filósofo, entonces las personas tenemos un propósito divino.

Viktor Frankl, neurólogo, psiquiatra y filósofo austríaco, sobrevivió durante varios años en diversos campos de concentración nazis, entre ellos Auschwitz y Dachau. Frankl añade una perspectiva interesante al concepto de «propósito». Dice: «A cada uno de nosotros nos está reservado un cometido que cumplir y todos respondemos con nuestra propia vida ante esta obligación». Dicha afirmación forma parte de un discurso que dio la noche de Navidad de 1944 en un campo de concentración ante treinta y ocho personas condenadas al exterminio. Dicen que fue uno de los discursos más inspiradores de la historia, una preciosa oda al poder de la voluntad y al sentido que cada persona puede darle a la vida.

Uno conceptos. Nuestro cuerpo es el vehículo que utiliza nuestra alma para expresarse y para llevar a cabo su propósito divino, el que da sentido a nuestra existencia. Y la voluntad es el elemento clave para llevarlo a cabo.

Parece ser que cuando nacemos y durante nuestros primeros años de vida, nuestra alma se manifiesta ajena a los condicionamientos sociales. Pero a medida que crecemos y que vamos interactuando con nuestro entorno, la vamos encorsetando, limitando, acallando hasta que la relegamos a nuestro inconsciente.

Pasado el tiempo, en muchas personas nace una genuina incomodidad, una inquietud que no es más que nuestra alma pidiendo ser escuchada.

Hace ya algún tiempo empecé mis estudios en chamanismo universal. Me cautivó, especialmente, lo poético de su vocabulario. Dice: «Un chamán, una chamana, es un médico, una doctora del alma».

Según el chamanismo, a lo largo de nuestra vida vamos perdiendo fragmentos de nuestra alma. Situaciones traumáticas, decepciones y renuncias provocan que, por puro amor y generosidad, trocitos de nuestra alma se desprendan para paliar ese profundo sufrimiento y poder, así, seguir adelante.

Cada pérdida es un escape de energía, un desequilibrio. Y de este modo, con el paso del tiempo, vamos acumulando mermas, debilitándose nuestra alma, haciéndose chiquita.

Me parece muy interesante que uno de los trabajos maestros del chamanismo sea recuperar fragmentos de nuestra alma para devolvernos sentido y energía vital.

Desde nuestra perspectiva individual, cuidar nuestra alma se traduce en encontrar nuestro propósito y alinearnos con él. Lo que incluye, indefectiblemente, alinear también nuestro desarrollo profesional con nuestro propósito de vida. Es preciso que encontremos la dimensión álmica en nuestro trabajo y, si nos resulta imposible, plantearnos un nuevo proyecto laboral. No hay más.

Quiero decirte que lograr esta coherencia no tiene tanto que ver con lo que hacemos, salvando lógicas excepciones, como con el lugar desde donde lo hacemos. Te comparto una experiencia personal por si ilustra lo que quiero transmitirte.

Tuvo lugar en una época en la que yo estaba en plena eclosión de mi vida profesional. Dirigía un equipo grande, viajaba por todo el mundo, era reconocida en mi entorno, cobraba un sueldazo... Recuerdo que acababa de llegar de uno de mis viajes internacionales y fui a una de esas tiendecitas de barrio que venden productos ecológicos y veganos.

Era un espacio muy especial, me sentía bien cuando entraba. Pero desde esa soberbia que a veces nos habita cuando estamos más conectadas con lo de fuera que con nuestro interior, le pregunté a la propietaria si no le aburría estar siempre entre esas cuatro paredes. Su respuesta fue toda una lección de humildad y de sentido de vida para mí. Me respondió: «Cada mañana, cuando llego, me encanta fregar el suelo, sacar el polvo de las estanterías y preparar mi tienda para recibir a las personas que la visitarán. Mi deseo es que, cuando se vayan, sean un poquito más felices que cuando han entrado, no necesito mucho más». Fue uno de mis momentos cumbre, esos que tienen la magia de despertar algo dormido en ti y detonar un proceso de cambio. Entendí, en lo más profundo de mí, qué significa darle propósito a lo que hacemos.

A modo de cierre, remarco una vez más que una forma directa y efectiva de cuidar nuestra alma es determinando cuál es nuestro propósito de vida y alinearlo con nuestro desarrollo profesional.

Te hablo profusamente de propósito un poco más adelante.

Sombra

Si en el contexto del desarrollo profesional es poco habitual hablar del cuidado del alma, ni te digo proponer trabajar con nuestra sombra.

Pero sospechaba que era algo fundamental para conseguir altas cotas de desarrollo y leyendo a Brené Brown en

Los dones de la imperfección lo tuve claro. Decía: «Solo cuando tengamos la valentía suficiente para explorar nuestro lado oscuro, descubriremos el poder infinito de nuestra luz». Y es que precisamente en nuestra luz es donde almacenamos el potencial de desarrollo.

Todas las personas tenemos una parte oscura, un lugar al que no nos queremos ni asomar. Es ese reducto que Carl Gustav Jung, psiquiatra suizo, acuñó como nuestra «sombra» y que contiene aquellos rasgos psíquicos y de personalidad que no queremos o no somos capaces de admitir en nuestra conciencia. Son aspectos nuestros que nos asustan, que nos avergüenzan, que se contradicen con nuestros valores. Pero que, lo queramos o no, habitan en nosotras.

La sombra tiene que ver con dolor reprimido, miedos, inseguridades, decepciones, desilusiones y frustraciones. Con enfado, ira, rabia, culpa y rencor. También con vanidad, envidia y tristeza.

Los estereotipos y otros condicionantes sociales han ayudado a engrandar nuestra sombra y también a desarrollar la habilidad de pintarla de colores para camuflarla. Estamos bien entrenadas, somos grandes artistas del disimulo.

Pero, sin mirar de frente nuestra sombra, nuestras miserias, aceptar que están ahí, contemplarlas con compasión y darles un lugar, la luz no podrá propagarse. Y es, como decía antes, en la luz donde reside nuestro mayor poder. La fortaleza está en el brillo interior. El exterior solo es consecuencia, nunca causa.

Confrontar nuestra sombra es un proceso que requiere paciencia y mucha compasión. Ternura hacia nosotras mismas. Una forma de vislumbrar nuestra sombra es observando qué es lo que más nos molesta de las otras personas o de las situaciones que vivimos con ellas. De alguna forma, las personas con las que nos relacionamos, las vivencias que se generan con ellas, actúan de espejo frente a nosotras. Así, lo que más nos exaspera forma parte de algo reprimido, algo que no nos permitimos expresar, algo que se hospeda en nuestra sombra.

Quiero contarte, por si te inspira para trabajar las tuyas, una de mis sombras. Una que detecté y que sigo trabajando con mucho amor y dedicación.

Tengo un nítido recuerdo de lo mucho que me costaba someterme a la autoridad. Que me mandaran, que me impusieran, que me dijeran qué y cómo debía hacer algo me revelaba siempre. Era como un resorte automático: tú me mandas y yo te contesto fríamente o, simplemente, te ignoro. Mi lógica tenía más que ver con que me plantearas lo que fuera y buscáramos una solución conjuntamente, pero no que me impusieras una decisión unilateral. Aquí mi nivel de tolerancia era muy bajo.

Y ¿de dónde venía esa reacción tan visceral? Pues descubrí indagando en mi sombra que de la necesidad de que ser vista y reconocida.

Crecí a rebufo de un hermano mayor inteligente, simpático y ocurrente. Él era el ingenioso, el creativo; yo, la aplicada. Sentía que vivía permanentemente en un segundo plano.

Cuando tuve la madurez suficiente, logré tomar distancia, observar cómo me sentía y empezar a darme el reconocimiento que necesitaba. Hablé con mi niña interior y le dije lo maravillosa que era y le conté desde la adultez todo lo que habíamos conseguido. La abracé y, desde entonces, caminamos juntas.

Te diré que me sigue costando manejarme con personas autoritarias, pero ya soy capaz de mirarlas de forma distinta. Casi siempre consigo establecer un diálogo generativo y muchas veces ¡incluso llegar a acuerdos!

Te animo a que te asomes al abismo de tu sombra. A mí me ayuda pensar que las semillas germinan en la oscuridad.

Vivir una vida con propósito

Mencionaba anteriormente que cuidar el alma es encontrar nuestro propósito y alinearnos con él. A menudo, hablar de propósito nos sobrecoge. En ocasiones, nos parece difícil descubrirlo, un concepto que se nos escabulle. Otras, lo vemos como algo épico, grandioso, reservado a personas excepcionales. Pero no es así. Es mucho más sencillo.

A mí me gusta cómo lo define Ashley Wood: «Tu propósito es una expresión energética, y cuando vives en sintonía con él, sientes esta energía en tu cuerpo. Te ilumina, te permite realizarte y te hace sentir llena de vida y plenamente tú misma».

Muchas personas entienden su propósito como algo que tiene que ver básicamente con su trabajo. Es lógico, pues, como decía al principio del libro, el trabajo se ha convertido en el eje central de nuestra vida. Pero, ciertamente, nuestro propósito trasciende nuestro trabajo y deviene transversal a todo nuestro existir.

De esta forma, nuestro propósito es lo suficientemente general como para poderlo realizar a través de las distintas facetas de nuestra vida y lo suficientemente concreto como para que sea una expresión única y genuina de nuestro ser. Nuestro propósito tiene infinitas formas de expresión y nuestros dones son el vehículo para llevarlo a cabo. Y ahora surge irremediablemente la pregunta «¿Y qué es un don?».

Todas nosotras atesoramos en nuestro interior todas y cada una de las habilidades posibles. Lo que ocurre es que algunas las tenemos desarrolladas y muchas otras todavía no. Cuando una habilidad desarrollada destaca en comparación con la misma habilidad en otras personas, la llamamos «talento». Cuando ese talento es especialmente relevante para mí, cuando se trata de algo que me hace disfrutar profundamente, algo que sin duda se me da bien, algo que me genera bienestar, entonces hablamos de un «don».

La palabra «don», en su significado de «gracia» o «cualidad de una persona», proviene del latín *donum*, que significa «ofrenda o regalo» y tiene la misma raíz que el verbo *donare* ('dar'). Por tanto, un don es ciertamente un regalo que nos ha sido otorgado y que debemos aceptar y usarlo en beneficio propio y de la colectividad.

Nuestros dones son las herramientas que nos permiten llevar a cabo nuestro propósito. Y enfocar nuestra vida en pro de nuestro propósito es un acto supremo. Es dar sentido absoluto a nuestra existencia, pues nuestro propósito entraña lo que hemos venido a aprender y a realizar. De hecho, desarrollar nuestro máximo potencial lo conseguimos cuando estamos alienadas con nuestro propósito de vida. Lo que ocurre es que no siempre nos resulta evidente dilucidarlo.

Para descubrir nuestro propósito, es imprescindible recorrer un camino de introspección de la mano de nuestra energía femenina, pues la racionalidad de la masculina lo bloquea. Intuición, aceptación sin juicio o creatividad son algunos de los atributos necesarios para este tránsito.

Recuerdo cuando estaba en la búsqueda de mi propósito y dones. Empecé a hacerlo de la forma que estaba acostumbrada por aquel entonces: analizando y aplicando la lógica. Sí, obtuve información, pero no avancé demasiado. La revelación la tuve en una sesión que realicé con mi amigo y prestigioso experto en *storytelling* y *branding*, Giuseppe Cavallo. Estábamos trabajando mi marca personal cuando me propuso bucear en busca de mi propósito a través de una meditación. Me guio magistralmente hasta lo más profundo de mi ser y allí encontré mi tesoro. Una imagen preciosa que me instaba a compartir con el mundo entero el poder transformador de lo femenino. Y que debía hacerlo a través de la palabra, escrita o hablada. Y aquí estoy, querida lectora, llevando a cabo mi propósito y compartiendo mi don contigo.

De nuevo, te insto encarecidamente a que descubras cuál es tu propósito en esta vida, que pongas el foco en que tu desarrollo profesional esté alineado con él y que te sirvas de tus dones para llevarlo a cabo.

Propuesta para ti

A menudo, un don suele ser trasparente para quien lo posee. Está imbricado en nuestra esencia y lo percibimos como algo normal. Sí, es normal para nosotras, pero en cambio las otras personas lo conciben como algo relevante, extraordinario.

Si te cuesta determinar tus dones, puedes ayudarte de un sencillo ejercicio. Te guío.

Realiza unas cuantas respiraciones profundas para calmar tu mente. A continuación, busca un recuerdo de cuando eras pequeña, una escena donde estés disfrutando realmente. Me refiero a ese disfrutar que hace que se nos pase el tiempo sin darnos cuenta, esos espacios temporales en los que estamos absortas y parece que todo se detiene, que solo existe lo que estamos haciendo.

Observa todos los detalles de la escena: qué haces, cómo lo haces, cómo te sientes, etc.

Anota toda la información. Y, si te viene algo a la mente, también.

Complementariamente, recaba más información de tu madre, padre, hermanos y hermanas o de cualquier persona que estuviera cercana a ti en tu infancia. Pregúntales:

¿Qué es lo que más me gustaba hacer de pequeña? ¿Con qué me entretenía horas y horas? ¿Qué crees que se me daba especialmente bien en aquella época?

Integra ambas informaciones recopiladas y analízalas. Verás qué precioso es descubrir cómo laten ahí tus dones.

Cuando hice el ejercicio, me vi en el pasillo de casa con un montón de muñecas sentadas frente a mí. Tenía un micrófono de juguete en la mano. ¡Me lo estaba pasando en grande!

Ahora, de adulta, una de mis actividades principales es dar conferencias. Disfruto enormemente compartiendo con la audiencia mi visión del poder de lo femenino para mejorar nuestro mundo. ¿Y sabes lo mejor? No hay conferencia que al finalizar no se me acerque una persona y me diga: «Me he quedado hipnotizada con tu voz...». Claro, ¡es mi don!

Encontrar nuestro propósito es algo más complejo, requiere conectar con nuestra verdadera esencia, escuchar qué nos dice nuestra alma.

Puedes empezar respondiéndote con sinceridad y profundidad a preguntas del tipo:

- ¿Qué injusticia u obstáculo he vivido y qué no quiero que nadie más experimente?
- ¿Qué tiene que ser transformado en el mundo para que sea un lugar mejor?
- ¿Para qué hago lo que estoy haciendo?

- ¿Qué haría si no tuviera miedo?
- Y si no tuviera problemas de dinero, ¿qué estaría haciendo?

Deja que las respuestas fluyan, ya sea en palabras, en imágenes o en sensaciones.

Otro ejercicio que suelo hacer cuando guío la búsqueda de propósito y que resulta muy revelador es el siguiente:

Facilito a las personas una hoja de papel y unos lápices de colores. A continuación, les pongo una canción que dura unos tres minutos y medio. Previamente les pido que, mientras suene la música, vayan dibujando lo que les salga, dejándose llevar. Al mismo tiempo que dibujan, les propongo que vayan repitiéndose mentalmente la frase «¿Cuál es mi propósito?».

Es una forma muy efectiva para que el inconsciente, donde residen nuestros anhelos álmicos, se exprese libremente.

Recuerdo el caso de una mujer que, en una de estas sesiones, dibujó una serie de lo que ella llamó «llamitas» y cómo ella las cuidaba. Cuando acabamos el ejercicio y lo contempló se quedó perpleja y emocionada. Nos contó que siempre se había sentido conectada con el sufrimiento de los niños, especialmente con aquellos que habían sido abandonados. Al cabo de poco tiempo, empezó a colaborar en un orfanato, donde daba el biberón a los peques mientras los miraba a los ojos y les susurraba canciones de cuna.

Atender nuestro cuerpo, mente y alma, abrazar nuestra sombra, indagar sobre nuestro propósito de vida y los dones que nos han sido concedidos es una forma preciosa y efectiva de cuidarnos.

Y cuidarnos es apostar decididamente por nosotras, por nuestra evolución personal. Algo indispensable si queremos avanzar en nuestro desarrollo profesional.

9.
Mi plan de acción

Empieza la transformación. El punto de elección

Desde hace un tiempo estoy observando un incremento exponencial de mujeres con cáncer en mi entorno más cercano. Me llama la atención que sean particularmente afecciones en los órganos femeninos, desde el pecho hasta el útero o los ovarios.

Por supuesto que soy consciente de que a partir de determinada edad la aparición de esta enfermedad es más frecuente y también de que, en términos generales, el porcentaje de población que lo sufre en algún momento de su vida se está incrementando. Tipo de alimentación, hábitos de vida poco saludables, estrés crónico, etc., están en la raíz de su proliferación.

De pronto, me vino a la cabeza si este cebarse específicamente con los órganos femeninos no tendría alguna correlación con el dolor colectivo que las mujeres hemos acarreado (y seguimos acarreando) a lo largo de tantísimos años. Se lo comenté a una amiga que es médico. Se quedó en silencio, y me confesó que también le había surgido este mismo pensamiento en más de una ocasión, pero que no tenía conocimiento de ninguna investigación al respecto. Sigo sin respuesta, solo con una tristeza que me nace de muy hondo... Sea como sea, lo que sí tengo claro es que urge sanar nuestra esencia femenina. Necesitamos imperiosamente honrarla y devolverle el lugar que nunca debió perder. Del mismo modo, también precisamos sanar nuestro masculino y liberarlo de esas corazas que lo desvirtúan.

Necesitamos, si o si, nuestra energía femenina y masculina sanas y potentes, listas para transformar.

A lo largo de los capítulos que componen este libro, hemos ido viendo los elementos principales que suelen condicionar, impactar e impulsar nuestro desarrollo profesional. Hemos profundizado en la génesis de las dificultades y puesto encima de la mesa recursos y herramientas para desactivarlas.

Y también hemos hecho un recorrido por aquellos aspectos más relevantes que precisamos gestionar si queremos brillar sin complejos. Estilos de liderazgo, dominio de la comunicación o cuidado de una misma han acaparado buena parte de las páginas de este libro.

Pero queda un último paso, uno que solo depende de ti. Un paso que requiere valentía y sinceridad con una misma. Y dar o no dar ese paso irá en función de lo que respondas a la siguiente pregunta: ¿Quieres, sinceramente, romper tus propios límites y seguir desarrollándote como y hacia donde tú decidas?

Déjala resonando un ratito. Mientras tanto, quiero contarte algo.

Me fascina el concepto de «punto de elección». Se refiere a esa ventana de oportunidad que se abre cuando un ciclo llega a su fin. ¿Estás en ese momento? 😊 Un espacio temporal donde podemos elegir seguir en el mismo camino donde hemos estado transitando o bien escoger otro camino distinto, representado por nuevas formas de pensar, de actuar. Es justo ese momento donde los patrones que nos han estado encorsetando se desmoronan, donde rompemos ataduras, donde alzamos el vuelo.

El punto de elección es un espacio incómodo. Nos confronta con nuestra realidad, obligándonos a salir de nuestra zona de confort. Aunque solo ocurre si hemos aceptado su reto.

Y te pregunto: ¿Qué respondes a la cuestión que te he planteado antes? ¿Aceptas el reto de dar un impulso a tu desarrollo profesional y personal?

Si aceptas el reto, vas a traspasar el límite de la zona de confort y se abrirá ante ti un espacio para el crecimiento, para la expansión.

Justo en ese momento se activarán dos requerimientos:

1. **Comprometerte con tu objetivo.** En cierta ocasión, le preguntaron a un científico: «¿Cuál es el objetivo del Universo?». Y su respuesta me cautivó: «Expandirse». Entonces, siendo como somos parte del Universo, nuestro objetivo es claramente ¡expandirnos!

Comprométete al cien por cien, hasta la médula, con el reto de dar un impulso a tu desarrollo profesional y personal. Como el Universo, ¡comprométete con tu expansión!

2. **Entrar en acción.** Se acabó teorizar y conceptualizar Ha llegado el momento de tocar tierra y empezar a dar forma al impulso que necesita tu desarrollo profesional y personal.

El punto de elección es una frontera que nos abre a nuevas oportunidades. ¡Traspásala!

Activando mi plan de acción

Traspasada la frontera, nuestro trabajo se centra ahora en elaborar el plan de acción. Toca activar nuestra energía masculina. Poner foco y planificar. Hemisferio izquierdo a puro rendimiento.

Hoja en mano, es momento de diseñar paso a paso el camino que nos llevará a nuestra nueva realidad, esa que ya hemos escogido.

Este es un momento importante, estás sembrando una semilla. Así que no estaría de más que lo ritualizaras un poco. (Ya sabes que a las humanas ¡nos sientan fenomenal los rituales!).

Búscate un día tranquilo, donde puedas disponer sin interrupción de un par o tres de horas para trabajar en tu plan de acción. Escoge cuidadosamente el lugar, un espacio donde te sientas confortable. Prepara todo el material que vayas a necesitar, como ordenador, folios, lápices de colores, pizarra, pósits...; lo que tú consideres. Igual te ayuda a crear una atmósfera inspiradora ponerte música, una vela o quemar una barrita de incienso. Eso ya depende de cada una. ¿Todo a punto? Pues empezamos con el plan de acción. Aquí tienes una guía sintetizada por si te sirve de ayuda en tu cometido.

¡Te deseo que disfrutes del proceso!

Plan de acción en cinco pasos

- **Define tu objetivo.** Tómate tu tiempo para definir con claridad y detalle el objetivo que quieres alcanzar. Abórdalo desde la perspectiva racional y añádele todos los matices desde la mirada emocional. Constata que sea coherente con tus valores y que esté completamente alineado con tu propósito vital.

  Piensa en **qué** quieres hacer o conseguir, en **cómo** lo harás y también en **para qué** quieres hacerlo o conseguirlo. Luego, complementa estas tres cuestiones con una cuarta: ¿**Desde dónde** voy a hacerlo?

  El **qué** me aporta claridad, el **cómo** método, el **para qué** me proporciona sentido y propósito mientras que el **desde dónde** me da la coherencia con mis valores.

  Son preguntas importantes que hay que responder con calma. De las respuestas nace lo que yo llamo «la energía fundacional». Y si esta energía está bien canalizada, la nueva realidad que estamos creando será muy potente.

- **Detalla las tareas que realizar.** Aterriza el punto anterior en acciones prácticas y concretas. Se trata de listar todas y cada una de las tareas que conlleva alcanzar el objetivo que te has fijado. Cuanto más detallada sea esta lista, mucho más útil te resultará.

  Hazla sin filtros. Más tarde ya priorizarás y, si es preciso, podrás añadir o descartar lo que sea conveniente. Es importante que vayas pasando tanto por las cuestiones que tienen que ver con el hacer como con el ser o sentir.

  Te pongo un ejemplo: imagínate que mi reto fuera asumir responsabilidades en el ámbito internacional. Mis tareas podrían englobar desde mejorar mi soltura con el inglés (HACER), a trabajar mi síndrome de la impostora (SER) y también el sentimiento de culpa por tener que viajar a menudo y dejar mis peques atendidos por otra persona (SENTIR).

- **Identifica los recursos necesarios y alianzas clave.** Se trata de reflexionar sobre los recursos materiales y emocionales que preciso para alcanzar mi meta y también sobre esas alianzas que me pueden allanar el terreno. Es el momento de incluir en mi plan a mi red de apoyo.

  Sigo con el ejemplo anterior: para reforzar mi nivel de inglés, decido optar por contratar unas clases *online*. El síndrome de la impostora y el sentimiento de culpa determino trabajarlo con una mentora, una mujer cuya trayectoria profesional ha sido inspiradora para mí.

- **Prioriza y agrega fechas.** Ordena la información relacionada en los puntos anteriores y según la relevancia para la consecución del reto. Añádele una fecha a cada actividad. Hazlo de forma realista, sin sobrecargar la agenda. Una buena calendarización nos da sensación de seguridad y control. Lo único a tener en cuenta es que sea un marco de confort. No se trata de convertirnos en esclavas de lo que hemos pautado. Concédete siempre la licencia de revisar y ajustar a medida que vayas avanzando.
- **Visualiza tu plan conseguido.** Esta es la guinda del plan. Visualizar que hemos conseguido nuestro objetivo es fundamental. Nos genera confianza y nos proporciona alineamiento en la toma de decisiones. Visualizar quiere decir sentir, vibrar la emoción de ver mi reto logrado.

  Échale un vistazo a la «Guía para elaborar mi *vision board*» que encontrarás en el apartado de «Recursos y herramientas». Ahí te detallo paso a paso cómo confeccionarlo.

Ya te he contado que, después de casi treinta años de carrera, decidí dejar el mundo corporativo para iniciar otros proyectos profesionales que me apetecían mucho.

Lo primero que hice al salir fue dedicarle un tiempo considerable a desarrollar mi plan de acción. Le di unas cuantas vueltas hasta que sentí claramente que ese era el camino que quería recorrer.

Hice bocetos, lo escribí, reescribí e incluso lo pinté. Y lo último que hice antes de ponerlo en marcha fue un pequeño ritual. Te lo comparto:

Escribí en un trozo de papel mi nuevo proyecto, con mi qué, cómo, para qué y desde dónde. Lo doblé con cuidado y lo guardé.

Al cabo de unos días me fui con unos amigos al monte. Anduvimos durante un par de horas hasta que nos paramos a descansar en un lugar precioso. Yo llevaba en mi bolsillo el pedacito de papel y una bolsita con semillas y trocitos de galleta y chocolate. A modo de ritual, hice un hoyo en la tierra y puse dentro el papelito, las semillas y los trocitos de galleta y chocolate. Poco a poco lo fui cubriendo con tierra, poniendo toda mi atención en que era un acto de entrega y bendición. Entregaba mi voluntad y talento al servicio de mi nuevo proyecto y lo ponía a disposición del universo para su mayor función.

Fue un momento mágico donde tuve la convicción de que mi proyecto ya era una realidad.

Busca tu manera, la que se ajuste a tu modo de ser, y ritualiza ese momento. Y, por favor, ten siempre presente que un nuevo reto nunca puede ser una carga, sino algo ilusionante, algo que nos emocione, que nos ponga la piel de gallina.

¡Bienvenida a la transformación!

Parte 2.
Mi aportación para la evolución colectiva

Así como en la primera parte del libro te he retado a que tomes definitivamente las riendas de tu desarrollo profesional y personal, en esta segunda parte lo que voy a proponerte es que ese desarrollo, en última instancia, redunde en un bien colectivo. Si nuestra condición social nos lo permite, trabajar no puede ser tan solo una actividad para ganarnos un sueldo. Me refiero a que, si gozamos de un cierto bienestar, entonces nuestro trabajo tiene que ser a la vez fuente de riqueza económica para mí y también una manera de contribuir a mejorar nuestra sociedad. Los seres humanos somos gregarios, vivimos en comunidad. Y es nuestra responsabilidad individual colaborar en el bienestar colectivo. Si, como decíamos al inicio del libro, el trabajo se ha tornado una de las actividades principales en la vida de las personas, entonces el trabajo también se erige como una potente herramienta de contribución al desarrollo de nuestra humanidad.

Por desgracia, nuestra sociedad, escorada hacia el predominio del hacer y de la dualidad, gobernada mayoritariamente por el hemisferio izquierdo, está atrapada en un individualismo narcisista y ególatra que resulta muy destructivo o, cuanto menos, se muestra desentendido de las necesidades que no sean las individuales. En esta segunda parte del libro, te voy a instar a que tu trabajo no sea solo la manera en que te ganas la vida y en que te realizas. Si te dejas, quiero llevarte un poco más allá. Te voy a proponer darle un sentido más profundo. Que, sea lo que sea lo que hagas, se traduzca también en una semilla de transformación en beneficio de toda la humanidad.

Puede sonar como algo abrumador, pero ya verás que su plasmación es muy sencilla. Porque no se trata tanto de qué trabajo hacemos o de cómo lo hacemos, sino más bien de para qué lo hacemos y desde qué intención lo hacemos. Como te decía páginas atrás, se trata de la toma de consciencia y control de a servicio de qué pongo mi talento y esfuerzo.

De hecho, lo que te estoy planteando es que tomes la decisión de influir en tu entorno, de que seas referente para otras personas. A tu nivel, sin que represente una carga para ti.

En definitiva, se trata de que esa semilla de transformación que te decía antes sirva para generar un nuevo paradigma.

Decirte que estoy convencida de que si hay alguna persona en el mundo que tenga el perfil para liderar ese cambio de paradigma, esa eres tú. Pero tranquila, no tienes que hacerlo sola, este es un camino que se recorre en comunidad.

Imagínate por un momento a cientos, miles, millones de mujeres poniendo su talento y su esencia femenina al servicio de la transformación. Me refiero a esa esencia femenina que engloba las habilidades de lo femenino que hemos estado cultivando con ahínco y durante tanto tiempo en la esfera privada. ¿Te acuerdas? Lo hemos tratado en detalle en la primera parte del libro.

Cientos, miles, millones de mujeres que, en su quehacer diario, en el ejercicio de sus responsabilidades y casi sin percibirlo, ponen los cimientos para una nueva realidad. Porque lo hacen distinto, porque le ponen sentido de vida a su trabajo.

Si me has leído hasta aquí es que te inquieta tu desarrollo y te inquieta el mundo donde vivimos. Si no fuera así, habrías arrinconado este libro hace ratito. Si sigues aquí te digo: Mujer, ¿a qué esperas para liderar el cambio hacia esa realidad soñada?

Solo tienes que poner en juego aquello que Sí depende de ti. Activar tu desarrollo profesional en tu beneficio, pero también en beneficio de toda la humanidad. Se trata de hacer con sentido, de hacer siendo.

Me gustaría compartir contigo algunas reflexiones y propuestas que pueden ayudarte en este reto colectivo.

¿Empezamos con esta segunda parte?

10.
Cuando el reto es dejar nuestra huella en el mundo

En la cima de la pirámide de Maslow

Abraham Maslow fue un reconocido psicólogo estadounidense y uno de los principales exponentes de la psicología humanista, una corriente psicológica que estudia, entre otros, los procesos de búsqueda de autorrealización de las personas.

Su desarrollo teórico más conocido fue, precisamente, la pirámide de Maslow. Se trata de un modelo que plantea una jerarquía de las necesidades humanas, desde las más básicas (que se sitúan en la base de la pirámide) hasta las más elevadas (que se ubican en la cúspide).

Según Maslow, a medida que el ser humano va satisfaciendo sus necesidades más primarias, le van surgiendo nuevas necesidades y deseos. Y es la motivación aquello que le impulsa a cubrir cualquiera de estas necesidades, lo que le lleva a cumplir sus objetivos, lo que le permite desarrollarse como persona.

La pirámide de Maslow está dividida en cinco niveles que jerarquizan nuestras necesidades. Veamos:

- **Primer nivel.** Necesidades fisiológicas. Es la base de la pirámide. Aquí las necesidades a cubrir son muy elementales, estamos en un nivel de supervivencia. Hablamos de respirar, comer, vestirse, tener relaciones sexuales, etc.
- **Segundo nivel.** Necesidades de protección o seguridad. Cubiertas esas primeras necesidades, lo siguiente que precisamos tiene que ver con cierta estabilidad y orden. Por ejemplo, tener un hogar, un empleo o una cobertura médica ante enfermedades o accidentes.
- **Tercer nivel.** Necesidades sociales y de afiliación. Cuando las anteriores necesidades están más o menos cubiertas, surge la necesidad de pertenencia, de sentirse parte de una comunidad. Aparece el anhelo por la amistad y el afecto.
- **Cuarto nivel.** Necesidad de reconocimiento o valoración. Esta cuarta necesidad está relacionada con cómo nos ven las otras personas y también con cómo nos vemos a nosotras mismas. Este nivel está vinculado con conceptos como el estatus social, la reputación, el éxito o la confianza.
- **Quinto nivel.** Necesidad de ser. Cumplidos los niveles anteriores, llegamos a la cima. Es el pleno desarrollo, alcanzar nuestro máximo potencial. Es encontrar sentido a nuestra propia vida. Sentirse autorrealizada.

Recuerdo cuando, en un viaje a México, subí a la pirámide del Sol en Teotihuacán. 248 escalones separan la base de la cúspide, un recorrido exigente, que requiere esfuerzo pero que merece la pena hacer. Cuando estás en pleno ascenso la mirada se centra en lo inmediato. Mantener el equilibrio, que los pies calcen en los estrechos peldaños es lo que toca, pero cuando llegas arriba y alzas la mirada todo cambia. Se abre una nueva perspectiva, algo que durante el ascenso era casi imposible lograr.

Tanto en la pirámide de Teotihuacán como en la de Maslow, el camino recorrido nos permite elevar física y metafóricamente la mirada.

Y te pregunto: ¿Dónde te sientes en tu particular ascenso a la pirámide? ¿Más o menos solventados los cuatro primeros niveles y con un pie en el quinto? ¿Privilegiada de estar ya completamente en la cima?

El quinto nivel está asociado con la trascendencia, con la necesidad que surge en un determinado momento de nuestra evolución de dejar un impacto positivo tras nuestro paso por este mundo.

Algunas personas lo nombran «legado». A mí me encanta expresarlo como la voluntad de ser la mejor ancestra posible. Aunque quizás la expresión más común es la de «dejar huella».

¿Y cómo podemos integrar en nuestro desarrollo profesional nuestra voluntad de dejar una huella para el beneficio de nuestra sociedad? Veámoslo:

Cinco pasos para dejar nuestra huella

En primer lugar, ¿qué significa «dejar huella»? A principios del siglo xxi estaba en pleno desarrollo de mi carrera profesional en el mundo financiero y recuerdo nítidamente cómo un personaje de Wall Street iba destacando más y más por su forma exitosa de manejar inversiones, obteniendo rentabilidades espectaculares. Nacido en Estados Unidos, empezó su lucroso negocio granjeándose la confianza de la comunidad judía (él era judío) para luego extender sus tentáculos hacia otros grupos de interés y países. Se había convertido en un gurú de las finanzas, un personaje respetado, imprimiendo una huella cada vez más profunda en su sector.

Este personaje era Bernard Lawrence Madoff, quien, en diciembre de 2008, fue detenido por haber estafado 64.800 millones de dólares mediante un esquema ponzi (un tipo de fraude donde los estafadores consiguen pagar los intereses de una inversión con las aportaciones de otras inversiones, no con el rendimiento de estas). Miles de personas perdieron sus ahorros y, terriblemente, otras tantas perdieron la vida suicidándose. Esa huella de prestigio y admiración que había imprimido pasó a ser una huella funesta y destructiva.

De esta historia, el gran aprendizaje para mí fue que una huella solo tiene sentido si reporta un beneficio colectivo. Lo demás son estampas del ego.

Decía Maslow que «la verdadera felicidad y plenitud se encuentra en el proceso de autorrealización, no solo en la consecución de metas o logros externos».

Llevado al ámbito profesional, la autorrealización se suele vincular con el legado o con la voluntad de poner al servicio de la comunidad la experiencia acumulada. Una experiencia capaz de generar algo positivo para el beneficio colectivo.

Propuesta para ti

Voy a proponerte un ejercicio para que, si te apetece, reflexiones sobre la huella que te gustaría imprimir en el mundo. Necesitarás unos folios y un bolígrafo.

Como siempre, busca un momento y espacio tranquilo para poder disfrutar de tu reflexión. Cuando estés a punto, dibuja en una hoja de papel el contorno de tu mano izquierda con los dedos bien abiertos. Imagínate que, simbólicamente, esta será la huella que quieres dejar.

Ya tenemos nuestra huella, ahora vamos a darle sentido. Para ello, le iremos proporcionando significado a cada uno de los dedos.

Empezamos con el dedo corazón. En el centro de nuestra mano, es el más largo de todos. Es como una atalaya, el que mejor puede otear el horizonte, es el dedo de la visión. De este modo, me insta a responder a la pregunta: ¿Cuál es la huella que yo quiero dejar?

Medita tranquilamente la respuesta y, cuando la tengas, escríbela en tu dibujo, dentro de tu dedo corazón.

Ahora nos vamos al dedo pulgar. Este, sin duda, es el dedo que representa el poder. ¿Recuerdas como los emperadores romanos, tras la lucha de los gladiadores en el circo, indicaban la muerte mostrando su mano con el pulgar hacia abajo o bien la vida con el pulgar hacia arriba?

Como te conté hace unos capítulos, el poder es la energía de la posibilidad, así que la pregunta a responder aquí sería: ¿Qué puedo hacer para dejar la huella que quisiera dejar?

De nuevo, medita sin prisas, y, cuando la tengas, escribe tu conclusión en el dedo pulgar de tu dibujo.

Trabajemos ahora con el dedo Índice. Es el dedo que indica, que señala. El que marca el camino, el que hace de guía. Es el dedo que me insta a reflexionar en torno a una cuestión mucho más práctica que las anteriores: ¿Cómo puedo plasmar esa huella que he elegido dejar?

Tómate tu tiempo y luego rellena el dibujo.

Seguimos. Es el turno del dedo anular, ese donde se suele colocar el anillo de boda. De ahí que le llamemos «el dedo del compromiso». El compromiso nace de la motivación, así que este dedo nos formula la siguiente pregunta: ¿Hasta dónde estoy dispuesta a comprometerme?

Toca bucear en nuestros pensamientos y sentimientos hasta dilucidar aquello que nos mueve a dejar nuestra huella.

Cuando lo tengas, escríbelo en tu dibujo.

Vamos con el último dedo, nuestro meñique. Es el más pequeñín y quizás parezca el menos relevante de toda la mano. Pero nada más lejos de la realidad. ¿Sabías que si nos amputan el dedo meñique perdemos el cincuenta por ciento de la fuerza de nuestra mano?

Cuenta la leyenda que una anciana que vive en la Luna sale cada noche y busca entre las almas a aquellas que están predestinadas a encontrarse en la Tierra. Cuando las localiza, le ata a cada una el extremo de un cordel rojo en su dedo meñique. Este hilo lleva con nosotras desde que nacimos y nos acompañará a lo largo de nuestra vida, guiándonos para que demos con todas y cada una de esas personas con las que tenemos que encontrarnos. Concluye la leyenda afirmando que sabremos cuáles son esas personas por la paz interior y la alegría que nos proporcionará el encuentro.

Como no puede ser de otra manera, el dedo meñique es el de la conexión, el que me facilita reflexionar sobre la última pregunta: ¿Esta huella responde a los anhelos de mi alma?

Un ratito más de reflexión y a completar el dibujo.

Ya tenemos finalizado nuestro dibujo. Repasemos:

- **Dedo corazón**. Nos aporta la visión de la huella que queremos dejar.
- **Dedo pulgar**. Nos ayuda a concretar, a aterrizar esa huella.
- **Dedo índice**. Nos insta a establecer acciones concretas.
- **Dedo anular**. Nos ayuda a reafirmar nuestro compromiso.
- **Dedo meñique**. Nos da claridad sobre si realmente nuestra huella está conectada con nuestros anhelos más genuinos.

Cinco dedos, una mano, una huella. Si tu visión da respuesta a esas cuatro poderosas preguntas reflexivas es, sin duda, una visión que dejará huella.

Ahora mira tu dibujo en su conjunto. ¿Es coherente para ti? ¿Te emociona? Si las respuestas son «sí», ¡manos a la obra! ¡Con ganas de ver tu huella plasmada!

Quiero contarte, por si te sirve de inspiración para tu huella, cómo he ido trabajando la mía.

Como te contaba al inicio del libro, en un momento dado tuve la clara visión de que a mí lo que me movía era contribuir a que la energía femenina y masculina se manifestaran en equilibrio en las organizaciones. Intuí de una forma muy nítida cómo ese equilibrio podía aportar un valor muy alto en la cocreación de una sociedad más equitativa, sostenible y humanizada. Mi dedo corazón hizo un buen trabajo.

Soy mujer y vengo del mundo corporativo, donde he ejercido durante años responsabilidades ejecutivas. Me nació de muy adentro las ganas (casi la necesidad) de poner al servicio del desarrollo de otras mujeres todo lo aprendido durante mi experiencia laboral y también el fruto de mis investigaciones. Mi dedo pulgar fue aterrizando poco a poco mi visión.

Escribir libros, dar conferencias, impartir cursos de formación a mujeres que quieren desarrollarse profesionalmente, etc., han sido actividades fruto de las reflexiones a las que me instaba mi dedo índice.

Este libro que tienes entre tus manos tiene mucho que ver con el compromiso que nos hace chequear el dedo anular. Sigo convencida de que necesitamos «más de lo femenino» en las organizaciones y de que las mujeres tenemos todas las habilidades necesarias para liderar el cambio de paradigma en estos tiempos.

Te confieso que siento una alegría muy intensa cuando me reúno con mujeres (y también con hombres) y me cuentan sus historias de superación, sus acciones en pro de un mundo mejor y los frutos de esas acciones que han llevado a cabo. Para mí es algo profundamente hermoso. Es una emoción muy especial que mi dedo meñique comprende perfectamente.

No hay una sola huella dactilar idéntica de la misma forma que ninguna de nosotras somos iguales. Te animo encarecidamente a que tu huella de trascendencia sea singular y genuina, igual que lo eres tú.

11.
Mujeres dejando huella

Un viaje heroico

Joseph Campbell, reconocido escritor y mitólogo estadounidense, encontró cuál era el patrón común de las historias de superación y lo llamó «el viaje del héroe». Este patrón está presente en la narrativa de distintas religiones del mundo, en la literatura, en las leyendas, en los videojuegos... y, por supuesto, en nuestras propias vidas. Es un patrón con el que conectamos inconscientemente cuando lo presenciamos. No en vano, las grandes producciones cinematográficas lo usan para desarrollar sus guiones. Lo puedes ver claramente en *La guerra de las galaxias*, *Harry Potter* o *Avatar*.

De hecho, las historias de superación representan ese viaje por el que transitamos cuando estamos en un proceso de transformación.

Según Campbell, en toda historia de superación hay un héroe, una heroína. Todo empieza cuando, sumergidas en nuestro mundo ordinario, en nuestra zona de confort, algo sucede (Campbell lo identifica como «la llamada») que nos sacude y nos saca de ahí para llevarnos a emprender un viaje metafórico donde gestamos una nueva realidad. Cuando aceptamos esa llamada, nos zambullimos en otro mundo, esta vez extraordinario, una zona desconocida, un espacio de superación, donde ganamos fortaleza y convicción. A lo largo de ese camino vamos confrontando dificultades y tocando límites, hasta que llega un momento en el que nos sentimos profundamente abatidas. Es el peor instante del viaje. Campbell lo llama «la caverna más profunda», donde se libra la gran batalla con «muerte y resurrección».

En nuestro «viaje de la heroína» particular, ese en el que andamos buscando nuestra huella, equivaldría a ese momento en el que se nos desvelan «verdades» que habían permanecido ocultas, en el que tomamos consciencia de lo que realmente atesoramos y de lo mucho que tenemos por aportar.

Es ese momento del clic. Una conexión muy profunda con los anhelos de nuestra alma que nos insta a devolver a la sociedad lo mucho que hemos recibido. Sería como la espada de la luz para Luke Skywalker o la varita mágica que recibió Harry Potter, elementos que ambos usaban valientemente en pro de mejorar el contexto donde vivían. A este elemento de transformación, Campbell le llamó «el elixir».

Victoriosas tras haber encontrado nuestro elixir, volvemos al mundo ordinario. Pero ya no somos las mismas, nos hemos transformado... Durante nuestro viaje en busca de nuestra particular huella, hemos recibido eso que llamamos «elixir» y que nos va a permitir empezar a articular nuestro legado.

Este es el patrón de muchas historias de transformación y legado. Y en toda historia hay momentos clave, así como situaciones y personajes que marcan el ritmo y determinan el desenlace. Repasemos lo fundamental que encontramos en todo viaje del héroe.

Los cinco elementos clave del viaje del héroe» (¡o de la heroína!):

- **Escuchar la llamada.** Me refiero a esa incomodidad persistente que, en ocasiones, intentamos acallar con satisfacciones materiales, con distracciones de todo tipo. Pero que sigue allí, intentando aflorar. Son esas ganas de contribuir a mejorar el mundo que suele llegar, de una forma muy especial, con la madurez. Si llama a tu puerta, escúchala, dale espacio. Es el arranque del viaje.
- **Sumergirse en el mundo extraordinario.** Requiere dar un paso y salir de la zona de confort. Echar la vista atrás y darse cuenta de todo lo que hemos aprendido a lo largo de nuestra vida. Tomar consciencia de la riqueza que atesoramos y de lo valiosa que puede ser para otras personas. Dejar atrás miedos y complejos. Abrazar la determinación.
- **Apoyarse en mentoras y mentores.** Buscar inspiración en libros, películas, personas cercanas a ti y también en aquellas que no conocemos personalmente pero que admiramos. Analizar sus actos heroicos y sacar un patrón para nuestro propio viaje.

- **Encontrar nuestro elixir**. ¿Cuál es tu elixir, aquello que te da el empuje para iniciar la plasmación de tu huella? ¿Quizás te has dado cuenta de que eres más de lo que aparentas? ¿O has descubierto el enorme valor de uno de tus dones? Agarra fuerte tu elixir y sigue adelante.
- **Transformar la realidad**. Cuando una regresa a la realidad ordinaria tras un viaje de estas características no hay vuelta atrás. Es preciso hacer acopio de coraje y permitir que nuestra huella empiece a plasmarse.

Quiero contarte el viaje del héroe (vamos, de la heroína) que realizamos seis mujeres en junio de 2023.

Todo empezó cuando, en agosto del año anterior, viajé por primera vez a Tanzania. Concretamente, estuve en Kigoma, un enclave precioso a orillas del lago Tanganika, casi frontera con Burundi, frente a las costas del Congo. Fui con la intención de visitar los proyectos que la ONG Karibia apoya en esa región. (Puedes ver la gran labor que realizan en la web www.karibia.org).

Nuria y David, fundadores de la ONG, dan soporte e impulso a un buen número de iniciativas locales, entre ellas la de Cristine, una mujer fuerte a la vez que entrañable, creadora de un centro donde decenas de chicas que ya han sido mamás reciben clases de corte y confección, *management* y empoderamiento durante varios meses.

Lamentablemente es norma en este y muchos otros países africanos que las mujeres jóvenes, muy a menudo casi niñas, se vean expulsadas del sistema educativo al quedarse embarazadas (muchas veces tras haber sido forzadas), perpetuándose una situación de exclusión para la mujer.

Durante varios meses las alumnas acuden al centro y, al finalizar el curso, están preparadas para desenvolverse como modistas y poder, de este modo, ser financieramente independientes y hacerse cargo de su propio desarrollo vital.

Visitar el centro y compartir un buen rato con estas jóvenes mujeres me impactó profundamente. Me contaron que muchas venían andando durante un par de horas desde sus comunidades para poder asistir a la formación. Recorrían a diario varios kilómetros por caminos solitarios de tierra, sin haberse puesto apenas nada en el estómago. Pero, día tras día, seguían yendo al centro porque tenían la firme voluntad de cambiar sus vidas. Soñaban con tener la oportunidad de no repetir esa historia de sumisión, maltrato o pobreza que parecía predeterminar su existencia.

Volví a España con la firme intención de regresar en unos meses con un grupo de mujeres para que conocieran de primera mano el proyecto y, si así lo sentían, que se comprometieran con él, para que siguiera vivo y facilitando un mejor futuro a cuantas más jóvenes mejor.

Diez meses más tarde volé de nuevo a Kigoma. Esta vez con cinco maravillosas mujeres. Una mexicana, otra colombiana, una uruguaya, dos españolas y yo misma conformábamos el grupo.

Fue tremendamente emocionante visitar de nuevo el centro de costura y constatar los avances de las alumnas. Nos mostraron los vestidos, faldas, blusas, uniformes escolares, etc., que habían estado confeccionando y también percibí ese brillo distinto en sus ojos, un brillo color esperanza.

De resultas del viaje, pusimos en funcionamiento las becas Kipepeo. En estos momentos, ya han sido becadas las tres primeras alumnas. Han recibido una máquina de coser cada una y todo el material necesario para poder empezar a trabajar (telas, agujas, hilos, cremalleras, tijeras, etc.). Durante los próximos tres años seguiremos a su lado para que se sientan acompañadas y sientan también el confort necesario para desplegar sus alas. Lo único que les pedidos es que, en un futuro, cuando se sepan preparadas, que sean ellas las que acompañen a jóvenes mujeres de su comunidad en este viaje de transformación.

Fíjate que lo que te acabo de relatar sigue el patrón de un viaje del héroe según describía Campbell. El grupo de viajeras atendió «la llamada a la acción» y se sumergió en una «realidad extraordinaria». De hecho, cada una de las componentes del grupo se confrontó con la durísima realidad de las jóvenes, tomando consciencia de lo afortunadas que habían sido sus trayectorias profesionales (este fue su particular elixir). Nació una intención verdadera de poner al servicio de esas chicas su experiencia y recursos dando soporte al centro mediante las becas Kipepeo. Becas que tienen el poder de transformar la realidad de esas tres jóvenes mujeres y de su entorno más inmediato.

Ojalá este relato te sirva de inspiración para ir construyendo tu propia huella.

Historias de vida. Testimonio de las mujeres que viajaron a Kigoma

Les pedí a las cinco mujeres con las que viajé a Tanzania que relataran su experiencia. Como verás, varios de los testimonios narran también historias de superación en su desarrollo profesional. Aquí te los dejo.

Sandra Pérez Nieto. Fotógrafa. Entre México y Barcelona.

Los seres humanos necesitamos establecer una relación entre nosotros, no solo para definirnos, sino también para dar sentido a nuestras vidas.

Ser una mujer y reconocer que he encontrado la forma de vivir feliz y conectada con la pasión por lo que hago es un gran regalo de vida, pero también conlleva un compromiso de compartir esa experiencia que el recorrido me ha permitido atesorar. Porque esa pequeñísima muestra de sabiduría que se ha impregnado en mí en realidad no es mía, simplemente me he empapado de ella en el andar. Y compartirla es la única forma de permitir que se expanda y se beneficien muchos más seres humanos.

El viaje a Kigoma, Tanzania, ha sido transformador en más de un sentido. Ha modificado mi mirada permitiéndome vislumbrar en el horizonte la posibilidad de cambiar, aunque solo sea un poco, las circunstancias de un grupo de mujeres jóvenes. De la mano de la ONG Karibia, estamos ayudando a empoderarse a través del oficio de costureras a esas mujeres, pudiendo llegar a ser ellas mismas semillas que transforman la vida de otras mujeres de su comunidad. Si en un futuro la vida se lo permite, ellas mismas enseñarán a coser a otras mujeres. Es la creación de un círculo que se ayuda mutuamente.

Los círculos de mujeres cobran sentido cuando tienen un propósito. El nuestro, el de las mujeres que viajamos a Tanzania, se llamaba «Semilla de Cambio». Era un espacio donde podíamos compartir en total libertad y con absoluta sinceridad aquello que nos ocurría. Ahora, algunas de las componentes de ese círculo hemos tenido la oportunidad de expandirnos y ser nosotras mismas semillas de cambio en la vida de otras mujeres, abriendo así la posibilidad para que estas jóvenes costureras tanzanas puedan caminar con más facilidad, pero, sobre todo, con más acompañamiento.

Desde tiempos inmemoriales, lo que le pasa a una, de alguna forma nos pasa a todas. Y en esa lógica de la reciprocidad, de la empatía, de la colaboración, al ayudar a una mujer estamos ayudando a muchas, incluso a nosotras mismas.

Montse Masó. Directiva de entidad bancaria. Catalana de pura cepa.

Sábado de finales de julio. Me llega un mensaje a un grupo de WhatsApp inspirador como pocos. Y como siempre me apunto al reto de escribir mi experiencia de las cosas hermosas que pasan cuando las mujeres nos reunimos en espacios donde compartir, escuchar, soñar y, por qué no, poner nuestro granito de arena para vivir en un mundo más amable.

Dijo John Lennon que la vida es lo que te pasa mientras estás ocupado haciendo otros planes. Y hay un día en que te das cuenta de que quizás los caminos que dejaste a un lado eran una parte de ti, la más creativa, la más transgresora y emocionante, y que ahora te das cuenta de que la echas de menos, que añoras a esa tú salvaje que está medio domesticada pero que sigue latente a la espera de un estímulo para salir a la luz. Ese día no surge porque sí, es un momento vital que se va cocinando y que en mi caso afloró cuando, tras varios intentos frustrados de volver a ser madre, terminé en una mesa de operaciones que me hizo ver el sol de cada mañana de otra manera. Mis emociones estaban más a flor de piel, las ganas de escribir eran más fuertes que antes y me empecé a plantear qué quería hacer con mi vida el tiempo que me quedaba, fuera mucho o muy poco.

Pero nuestro día a día es intenso y cuando a nivel laboral eres alguien con cierta responsabilidad y te autoexiges cada día dar la mejor versión de ti, los días pasan sin darte cuenta y con la contradicción entre el ser y el hacer presente a cada momento.

Y un día, justo cuando transitaba por un cambio laboral no deseado y que entonces no entendí por qué me había llegado, me llega un mensaje en que me invitan a compartir unos días en Tavertet, con otras mujeres, para desarrollar un programa llamado «Semilla de Cambio». Mil dudas me acosaron, pero al final me dije: «A ver, ¿cuándo Mercè Brey te ha hecho una propuesta que no haya valido la pena?». Y para allí me fui, con la maleta llena de interrogantes, pero con una meta que me propuse: me voy allí a ser feliz.

Y lo fui. Lo fui tanto que aquellos días de otoño en la montaña me inspiraron a empezar a escribir una historia de mujeres que algún día será mi primera novela.

Allí conocí a mujeres de distintos países, con diferentes historias personales, pero con un denominador común: a todas nos sucedían las mismas cosas, nos atacaban los mismos síndromes, y aunque vivíamos realidades familiares y laborales dispares, teníamos muchísimo en común.

Lloramos, reímos, caminamos, escuchamos el silencio juntas y cada una tuvo allí su vivencia personal de forma intensa.

Y a la vuelta pareció que todo esto quedaba en el aire. Cada una volvió a su vida, a su país y siguió avanzando de forma individual en el nuevo camino atisbado en este encuentro.

Pero no era así. Porque cuando el aire levanta una semilla de la flor donde nació puede ser que germine enseguida porque encuentra un campo abonado preparado para darle vida. También puede que esta semilla vaya a parar a un campo ahora seco que necesita una intensa temporada de lluvias y reposo para que pueda empezar a crecer. O puede, también, que se deje mecer por los distintos vientos que recorren la tierra y tarde más tiempo en encontrar un espacio de crecimiento, ya que esta semilla desea ver y vivir y transitar antes de dar fruto.

Con algunas de estas mujeres fui parte de un círculo precioso, donde cada una aportó su momento vital, lo compartió, fue sostén en algunas sesiones, fue espejo en otras y juntas fuimos distintas caras de una misma realidad, la de esas mujeres que creemos que otro espacio y otra manera de hacer las cosas es posible.

Y tras este círculo un viaje transformador a Tanzania, una tierra donde la humanidad tiene sus orígenes más remotos y donde la palabra «colectivo» toma su sentido más auténtico.

Hubo un instante en ese viaje en que sentí las risas de aquellas niñas que están aprendiendo a coser y que a través de cada puntada tienen la posibilidad de cambiar su vida. Crear un pequeño negocio, coser esos vestidos espectaculares que solamente las lugareñas lucen con un estilo inimitable, devolver a su comunidad la ayuda para estudiar y avanzar hacia una sociedad distinta. Y estas risas me emocionaron profundamente, ya que en aquel lugar como en ningún otro sentí que si en algo las mujeres del mundo estamos unidas es a través de la risa, de la alegría, a pesar de los dramas y comedias que nos arrollan.

Y ahí seguimos, las semillas, planificando un proyecto para que estas chicas tengan la posibilidad de ver sus sueños hechos realidad. Lo mejor de todo es saber que desde que conocí a estas mujeres no tengo la menor duda que son mi red, y que a veces juntas, a veces en solitario, en pequeños grupos o enormes multitudes, vamos a seguir creando para que pasen cosas a nuestro alrededor.

Y yo voy a seguir siendo feliz, no me cabe la menor duda.

Emma Cantallops. Especialista en inversiones sostenibles. España.

Estaba cerca de cumplir cincuenta años cuando sentí una llamada de que mi vida debía tener un sentido más inspirador. Al principio me resistí a escucharla. «¿Por qué necesito más?», me preguntaba. Tengo un trabajo bonito, una familia y amigos que quiero y me quieren, un hogar placentero. Pero esa llamada me decía con fuerza que debía ir más allá. La acepté y me dejé llevar por el camino que se dibujaba ante mí. Poco a poco fueron apareciendo experiencias y acontecimientos a los que me abrí sin saber dónde me conducían, pero sentía en mi interior que estaba inmersa en un proceso de transformación y que no había vuelta atrás.

Realicé un programa de formación llamado «Semilla de Cambio» con un grupo de mujeres maravillosas, cada una de ellas inmersas en su propio proceso. Estaba avanzando en un camino que me llevaba a enfrentarme con mis sombras y ahí estaba yo, decidida a seguir transitándolo.

Me fui a Tanzania con un pequeño grupo de mujeres semillas. Queríamos conocer la labor de la ONG Karibia y allí, todas juntas en ese taller de costura, sentimos el deseo de contribuir a algo importante, al empoderamiento de esas mujeres africanas. Un sentimiento que surgió con una fuerza propia, esa de la energía que sale de la fuente.

En aquel momento entendí que mi llamada a una necesidad de inspiración en mi vida, casi dos años después se convertía en un proyecto en común con otras mujeres para transformar y crear nuevas semillas. Inicié este camino sola pero ahora me siento arropada por otras mujeres con las que compartimos esta necesidad de transformar y crear, y la fuerza del grupo es tan potente que, en los momentos de sombras, en las dificultades del camino, siento sus voces y sus manos sosteniéndome.

Suany Orrejo. *General manager* en la industria farmacéutica. Colombia.

Parte de mi historia de plenitud hoy, después de haber tenido mi punto de inflexión en el mejor momento de vida profesional y después de desarrollar una etapa de autoconocimiento y de exploración sobre lo que realmente es el éxito, comencé a descubrir que somos energía y que, aunque hombres y mujeres somos diferentes anatómicamente, estamos compuestos por energía femenina y masculina.

Todo esto para contarles que en mi proceso de autoconocimiento descubrí que estaba perdiendo mi energía femenina, mi esencia de mujer, porque estaba más orientada al hacer que al ser, posiblemente por el objetivo que me había planteado de tener un crecimiento profesional acelerado y por dejarme llevar por el estereotipo masculino que al parecer era clave en ese momento para conseguir el éxito.

La competitividad, la racionalidad, el individualismo y el poder predominaban más que la intuición, la empatía, el trabajo en equipo o la emocionalidad. Estaba orientada a la energía masculina y había anulado la energía femenina porque en mi creencia en ese momento era sinónimo de debilidad y no era el modelo exitoso a seguir.

En los últimos once años me he dedicado a descubrir el poder de la meditación, de la espiritualidad, el reencuentro con lo femenino y a encontrar mi propósito de vida. A llevar una vida más liviana, más amorosa, más empática, y a apoyar a otras mujeres en su camino de crecimiento.

En este transitar he encontrado mujeres maravillosas y he empezado a sembrar siendo mentora, participando en círculos de mujeres para apoyo a comunidades y uniéndome con otras mujeres semilla para apoyar proyectos de empoderamiento femenino.

Como dice Jean Shinoda Bolen: «Cuando las mujeres se unen por una causa común hay un potencial transformador en el mundo».

Virginia Suárez. Negocios e inversiones con impacto positivo. Uruguay.

Me siento con el compromiso de contribuir a cambiar el mundo. No se trata únicamente de un compromiso individual sino más bien de un compromiso colectivo. Generar el cambio entre todos, cada uno desde su lugar, aun cuando sean acciones pequeñas, iniciativas puntuales. Y las mujeres contamos con una gran ventaja y es el haber desarrollado durante mucho tiempo atributos que son los que hoy se necesitan para un mundo mejor.

Detrás tengo mucha esperanza de poder hacerlo. Ya hace tiempo aprendí la diferencia entre la esperanza y el optimismo. De este modo, no solo soy optimista en que se puede porque así lo siento, sino que estoy activamente esperanzada de que se puede cambiar el mundo que dejaremos para las futuras generaciones. Esa esperanza activa es la que me hace mover, buscar, actuar, comprometerme, accionar. ¡Y todo esto es energía para mí!

Escuchando al filósofo colombiano Bernardo Toro, me apasioné con el término «poder difuso». Lo utiliza para referirse a la distribución del poder en una sociedad, en una organización, entre todos los integrantes de la misma, en contraposición a un poder centralizado, en las manos de unos pocos. Y es allí donde conecté con algo de lo que verdaderamente estoy convencida: los grandes cambios y transformaciones que necesitamos los debemos hacer entre todos, cada uno desde su lugar, desde su área de influencia. De ahí el concepto de colectivo.

Y dando un paso más llegué al «poder difuso de las mujeres». Las mujeres podemos ejercer influencia de manera atomizada, cotidiana, en diversos ámbitos de la sociedad, en las organizaciones, en nuestras comunidades, en nuestras casas... Algo realmente muy potente y posible para generar el cambio que anhelamos. Hablamos no solo de luchar por la igualdad de género y equidad, sino que abarca múltiples aspectos de la vida y de la sociedad. Reconocer y fomentar este poder difuso es fundamental para avanzar hacia una sociedad más justa e inclusiva en la que las mujeres tengan la oportunidad de participar plenamente, desempeñar roles significativos en todas las áreas y desarrollarse con plenitud.

Estamos en un mundo que necesita un cambio de paradigma y que necesita ser cuidado, y quién mejor que las mujeres para asumir este rol desde una serie de atributos que nos hacen muy diferentes a la vez que clave para esta transformación necesaria. Atributos de cuidado, de empatía, de colaboración, de cooperación, etc.

Como mujer me siento SEMILLA y agente de cambio, de transformación, y hasta incluso por momentos me siento fuente de inspiración para un futuro positivo y duradero. Todo esto con mucha esperanza de cultivar y hacer crecer algo que luego dará sus frutos.

Pertenecer al círculo de «Semilla de Cambio» ha sido un hito en mi vida. Aquí se produce la combinación perfecta al sentirnos semillas para cultivar y hacer crecer, con el empoderarnos como mujeres para iniciar un cambio para un mundo mejor. Hemos tenido la oportunidad de contribuir en el desarrollo de otras mujeres y esto es una señal de que sí se puede, que hay esperanza y que hay que trabajar para ello.

El proyecto en el cual nos embarcamos como mujeres semilla en Tanzania, resultó primeramente en una gran experiencia de transformación individual, para mí y para todas, para que luego pueda ser un inicio de transformación para otras, y así para la humanidad. Siento mucha gratitud de haber vivido lo que vivimos en esta experiencia trabajando juntas por el desarrollo de mujeres. Es algo contagioso, inspirador, potente, valiente. ¡Todo eso junto!

Encontrar semillas que propaguen esta transformación es la clave para poder transformar el mundo, cada una con su impronta, desde su lugar, con sus herramientas, haciendo crecer el cambio y oficiando de agente de cambio. Y el hacerlo entre mujeres, hace que la transformación se multiplique, disemine, se haga PODEROSA.

Vamos por más SUEÑOS, vamos por más CIRCULOS, vamos POLE POLE.

Parte 3.
Recursos y herramientas

Esta tercera parte del libro es un compendio de guías que puedes utilizar si necesitas un refuerzo adicional para realizar alguna de las propuestas que te he ido planteando a lo largo de los capítulos precedentes.

Verás que son documentos con un enfoque claro y didáctico que pueden ayudarte a conseguir con mayor facilidad los distintos retos sugeridos.

Guía para trabajar mi autoconfianza

Confiar en una misma, en nuestras capacidades, es esencial para gestionar cualquier aspecto de la vida y, por supuesto, para alcanzar nuestros objetivos.

Y también es cierto que, por distintos motivos, esa confianza en nosotras mismas puede verse debilitada y precisar de un refuerzo.

Aquí te dejo una práctica que puede ayudarte a fortalecerla.

Ejercicio del retrovisor

Para realizar este ejercicio, busca un lugar donde puedas estar tú sola. Que sea un espacio tranquilo, donde no te interrumpan durante una hora aproximadamente.

Te sugiero encarecidamente que intentes que sea al aire libre. El contacto con la naturaleza nos relaja y nos aporta claridad mental.

Si estás al aire libre, coge un trozo de madera o bien una piedra y traza en el suelo una línea de unos tres metros de longitud.

Si estás en un espacio interior, puedes coger una cinta adhesiva o un trozo de lana para trazar la línea. Una vez la tengas dibujada, colócate en uno de sus extremos. Mira hacia el frente, con la línea a tus espaldas. Ahora imagínate que donde estás representa el presente y que la línea corresponde a tu trayectoria profesional. Date la vuelta y mira esa línea. Ve recorriéndola poco a poco y marca en ella momentos de tu carrera profesional en los que hayas conseguido algún objetivo. Aunque te parezca que sea algo poco significativo, márcalo igualmente. Cuando hayas recorrido toda la línea, visita de nuevo cada uno de esos momentos marcados y piensa:

- ¿De qué me siento orgullosa al recordar este momento?
- ¿Qué sentí en este preciso momento?
- ¿Qué actitudes o aptitudes destacaría en este hito conseguido?

Intenta recrear cada momento con la mayor intensidad que te sea posible y ve anotando todas las respuestas.

Revisa todo lo que has escrito. Ahí tienes una lista de tus fortalezas, de las habilidades que te han ayudado a conseguir hitos, a alcanzar metas. Forman parte de ti, son cualidades y habilidades que ya atesoras. Es tu caja de herramientas particular y puedes usarlas tantas veces como precises.

Sácale una foto a la línea y a la lista de tus fortalezas. Y tenlas a mano para cuando la confianza se debilite.

Guía para dejar de compararme y practicar la gratitud

El síndrome de la impostora nos incita a pensar que las demás personas son más valiosas que nosotras. Erróneamente nos induce a enfocarnos en lo que nos falta, en lo que todavía no hemos conseguido, en aquello de lo que carecemos (o de lo que creemos carecer).

Bajo el influjo de este síndrome, nos comparamos sistemáticamente con las otras personas, poniendo en relevancia las virtudes que ellas poseen en contraposición de las que nosotras creemos adolecer.

Esta forma de proceder nos debilita y nos dificulta seguir avanzando en nuestro desarrollo profesional.

A continuación, te guiaré en un sencillo pero revelador ejercicio que te ayudará a cambiar tu mirada. Se denomina la «dinámica de la escalera» y consiste en dejar de anhelar lo que nos falta para focalizarnos en lo que ya tenemos o hemos logrado. Con este simple movimiento, conseguimos pasar de la energía de la escasez a la energía de la abundancia.

Empezamos:

Busca una escalera y sube unos cuantos peldaños, dejando tres o cuatro para llegar arriba del todo.

Mira hacia arriba y piensa en esas personas que idolatras, en aquellas que percibes mucho más valiosas y merecedoras de éxito que tú.

Ahora date la vuelta y mira hacia abajo. Imagina que en los peldaños que ya has sobrepasado están esas personas que tienen menos conocimientos y menos experiencia que la que tú ya acumulas. Quizás sean personas que acaban de empezar su recorrido profesional o bien que no han tenido la oportunidad de desenvolverse o no han encontrado el camino para hacerlo.

Míralas con cariño, con empatía, en ningún caso con soberbia.

Deja que te inunde esa agradable sensación de agradecimiento por todo lo recorrido.

Míralas de nuevo y piensa cómo deben de estar mirándote ellas a ti. Simbólicamente, tiéndeles la mano y piensa cómo sería que las ayudaras a subir los peldaños que anhelan conquistar.

Ahora mira hacia arriba y siente cómo el llegar a ese puesto deseado no es cuestión de lo que te falta, sino de la fortaleza que te da todo el camino recorrido.

Quédate con esta imagen mental y escribe tu experiencia a modo de recordatorio si las fuerzas flaquean en algún momento del camino que estás recorriendo.

Como ya te he contado, mientras escribía este libro iba colgando cada día una historia en Instagram a modo de cuaderno de bitácora. Cuando abordé la problemática de compararnos sistemáticamente, pregunté a mi comunidad cuál creían que era el antídoto para dejar de mirar hacia lo que nos falta y enfocarnos en lo que ya tenemos o hemos logrado.

En un porcentaje muy elevado, concretamente el 73% de las respuestas, opinaron que la clave está en la gratitud. ¡Totalmente de acuerdo!

¿Qué es la gratitud? A menudo, la gratitud se circunscribe a un reconocimiento de un beneficio recibido o por recibir. Suele ser entendida más bien como una actitud, una orientación, una forma de pensar, no traduciéndose en un comportamiento. Como dice Brené Brown: «La gratitud sin práctica se parece a la fe sin obras: no está viva».

Recuerdo cuando estuve haciendo un curso de meditación en un centro budista. Tenía un compañero que asistió a todas las sesiones, prestaba muchísima atención y tomaba notas de lo que iba contando el monje. Pero nunca, jamás, hizo una sola meditación en su casa (así me lo confesó).

Desde luego, perfecta actitud frente a la meditación. Pero esta actitud de poco le sirve para calmar su mente o mejorar la concentración.

¿Y cómo se practica la gratitud?

Pues sin muchos aspavientos, la verdad. Creo que la gratitud está más conectada con «el mundo de las pequeñas cosas», esas acciones que parecen insignificantes pero que acaban siendo trascendentes.

Me refiero, por ejemplo, a regalar una sonrisa sincera, a decir un «gracias» de esos que salen del corazón, a enviar un correo de agradecimiento por un trabajo bien hecho, a mirar a los ojos a tantas personas invisibilizadas que están a nuestro alrededor.

Siendo así, me toca practicar: ¡gracias, muchas gracias por leerme!

Guía para equilibrar las facetas más importantes de mi vida

Coge una hoja de papel y divídela en tres columnas. La primera columna titúlala «Actividad»; la segunda, «Dedicación hoy», y la tercera, «Dedicación deseada».

En la primera columna, anota en grandes capítulos las actividades y tareas que consideras importantes para ti. Escríbelas según la importancia que tengan para ti, de mayor a menor relevancia. Un ejemplo de clasificación podría ser: pareja, trabajo, deporte, crecimiento personal y amistades.

Ahora imagínate una semana estándar y calcula las horas que le dedicas a cada una de las categorías que has ideado.

Cuando acabes, échale un vistazo y medita si es coherente lo que sientes y lo que en realidad haces.

A continuación, rellena la última columna indicando para cada categoría qué tiempo le querrías dedicar, ese que te haría sentir bien y en coherencia entre lo que piensas, sientes y haces.

Actividad	Dedicación hoy	Dedicación deseada
Pareja	20 horas a la semana	35 horas a la semana
Trabajo	52 horas a la semana	42 horas a la semana
Deporte	4 horas a la semana	8 horas a la semana
...		

Por último, establece un miniplan de acción para cada una de las categorías de forma que te permita ir acercándote a esa dedicación deseada. Por ejemplo, ponerte como objetivo comer un par de días con tu pareja entre semana, buscar un empleo que te permita el teletrabajo y reducir así el tiempo dedicado a desplazamientos, levantarte media hora antes para pedalear en una bicicleta estática o salir a correr, etc.

Lo importante es que los retos que te pongas sean asumibles para ti, que no te abrumen. De esta forma, es mucho más probable que llegues a la coherencia en un plazo de tiempo razonable.

Guía para gestionar eficientemente mi tiempo

Una de las cosas que más estrés nos genera es el hecho de constatar que el tiempo se nos escapa entre los dedos, que no alcanzamos a gestionar la lista perenne de tareas pendientes. Administrar bien el tiempo significa planificar, priorizar y descartar. Porque el día tiene las horas que tiene y lo único que podemos hacer es gestionar con acierto nuestras tareas y actividades.

Para hacer más eficiente nuestra agenda, te propongo trabajar con la metodología de los cuadrantes de Stephen Covey. Una sencilla matriz pero muy reveladora.

Vamos a dividir las tareas profesionales que realizamos en cuatro grandes categorías. Te lo voy contando.

Importante y urgente

Coloca aquí aquellas tareas que requieren una atención inmediata y que son cruciales en el contexto de tu responsabilidad. Tienen que ver con la resolución de problemas acuciantes y con proyectos con fecha de vencimiento cercana.

La recomendación es: ¡Hazlo ya!

Si no abordamos estas tareas las emociones que se generan estarán relacionadas con el estrés, el cansancio y esa molesta sensación de apagar fuegos.

Importante y no urgente

Se trata de tareas no decisivas a corto plazo, pero sí determinantes a medio y largo plazo. Es el ámbito de la planificación estratégica, de la construcción de relaciones, de visualizar el futuro y también de cuidarse.

La recomendación aquí es: Resérvate un espacio en la agenda y ¡Planifica!

Trabajar este cuadrante aporta una agradable sensación de bienestar.

No importante y urgente

Suelen ser actividades y tareas superfluas, que más bien sirven para satisfacer las necesidades y expectativas de otras personas. Aquí englobamos las interrupciones, las reuniones rutinarias, la lectura de correos poco relevantes, etc.

La recomendación claramente es: ¡Delégalas!

Estar demasiado tiempo en este cuadrante nos genera el sentimiento de no estar haciendo nada de provecho. En ocasiones nos provoca, incluso, una desconexión con nuestro trabajo.

No importante y no urgente

Aquí estamos en el dominio del hacer por hacer, de la dedicación de tiempo a temas triviales. Estamos realizando actividades absolutamente irrelevantes que no nos reportan ningún aprendizaje, actividades mecánicas y repetitivas que nos atrapan. Por ejemplo, consultar el correo electrónico cada cinco minutos o echarles un vistazo a las redes sociales. Por supuesto, la recomendación es: ¡Descártalas!

Atención a estas tareas, pues desgastan y puede ser incluso una irresponsabilidad realizarlas.

En términos generales, solemos movernos entre la categoría 1 (Importante y urgente) y la 3 (No importante y urgente).

Pon el foco en priorizar la categoría 2 (Importante y no urgente) y, necesariamente, en eliminar todo lo que tenga que ver con la 4 (No importante y no urgente).

Guía para trabajar mis valores

Tener claridad sobre cuáles son nuestros valores nos ayuda enormemente a alinear nuestros pensamientos con nuestra actuación. Esta alineación es fuente de bienestar personal y motor impulsor para conseguir nuestras metas y objetivos.

Nuestros valores constituyen una guía en nuestro camino, muy especialmente cuando las circunstancias que nos rodean son exigentes o adversas. Metafóricamente, los valores representan los bastones en los que apoyarnos cuando estamos transitando nuestro camino o también esas balizas luminosas que marcan el sendero en plena oscuridad.

Es un buen ejercicio revisar nuestros valores con cierta periodicidad y adecuarlos al momento vital en que nos encontremos. Te propongo a continuación un ejercicio que puede guiarte en esta tarea.

Busca un momento tranquilo y siéntate frente a una hoja en blanco y un bolígrafo. Empieza a escribir una lista con todos los valores que te vengan a la cabeza. Al final de este ejercicio encontrarás unas cuantas sugerencias por si te sirven de inspiración.

Una vez tengas completada la lista (intenta que sean más de quince los valores que hayas escrito), léela con atención y observa cómo te sientes con relación a cada uno de los valores que has listado. Cuando hayas finalizado, lee de nuevo la lista y ve tachando aquellos valores que menos te resuenen de manera que la lista se reduzca a diez valores.

A continuación, haremos el mismo proceso. Revisa la lista reducida y elimina los cinco valores que menos te resuenen.

Has hecho un buen proceso de depuración. En tu hoja de papel han quedado reflejados los cinco valores que más te representan en estos momentos de tu vida.

Te animo a que hagas un último esfuerzo y que deseches dos valores más. Quédate con tus tres valores principales, los que más resuenan contigo, los que más te definen en este momento presente.

Léelos y reléelos y déjate impregnar por todo su significado. Escríbelos en un lugar donde los puedas tener siempre muy presentes. Recuerda que son tus guías, los que marcan tu camino, los que te generan bienestar, los que te dan la energía para andar con paso firme hacia tu propósito, los que te permiten alcanzar tu sentido de vida.

Ejemplos de valores:

- **Alegría**. Actitud positiva ante la vida.
- **Altruismo**. Búsqueda desinteresada del bienestar de la otra persona.

- **Coherencia**. Alineamiento entre lo que se piensa, se siente, se dice y se hace.
- **Colaboración**. Poner en primer lugar el beneficio para todo el grupo o comunidad.
- **Compasión**. Tener consciencia del sufrimiento ajeno, suspendiendo el juicio.
- **Confianza**. Actitud de esperanza hacia una persona o cosa. Sentimiento de seguridad en una misma.
- **Empatía**. Entender y dar valor a la realidad que experimenta la otra persona.
- **Generosidad**. Dar sin esperar nada a cambio.
- **Gratitud**. Agradecer lo obtenido y lo vivido, sin pretender contrapartida.
- **Humildad**. Aceptación de nuestras debilidades. Vocación de aprender de otras personas.
- **Libertad**. Obrar con libre albedrío, ejerciendo nuestra capacidad de elección.
- **Optimismo**. Observar la realidad considerando las posibilidades y aspectos más favorables.
- **Sencillez**. Prescindir de lo superfluo.
- **Solidaridad**. Colaborar con la causa de otras personas.
- **Tolerancia**. Actitud abierta hacia posturas u opiniones distintas a la propia.
- **Valentía**. Afrontar con decisión los actos de nuestra vida.

Guía para elaborar mi *vision board*

Si quieres lograr una meta, debes verla primero en tu mente.

ZIG ZIGLAR

En el primer capítulo te hablaba de nuestra naturaleza energética. Somos, para decirlo de una forma sencilla, energía densificada en continua vibración.

Una vez leí en una publicación científica que somos el imán más potente del universo, que atraemos aquello que vibramos. Interesante, ¿verdad?

Y ¿qué es lo que hace que vibremos? Pues ni más ni menos que nuestras emociones y sentimientos.

Te añado otra máxima: todas las realidades son posibles y, de ellas, escogemos concretamente una a través de nuestra vibración.

Es bien conocido cómo, por ejemplo, los corredores de Fórmula 1 visualizan el circuito una y otra vez antes de salir a correr con su coche. Imaginan cómo toman cada una de las curvas, cómo aceleran en las rectas y cómo cruzan victoriosos la meta.

El archilaureado tenista Rafa Nadal ha contado en varias ocasiones cómo antes de empezar un partido se visualizaba levantando la copa o mordiendo la medalla. ¡Y menudo currículum de victorias atesora!

Imaginarnos con nuestro reto conseguido nos da un empuje inusitado y nos induce a que vayamos tomando las decisiones acertadas para que, efectivamente, nuestro objetivo culmine. Elegimos esa realidad futura y la atraemos con la emoción de sentir que ya está cumplida, que ya es.

Desde hace muchos años que trabajo mis retos incluyendo siempre la práctica del *vision board*. Descubrí esta técnica en un seminario al que asistí por pura curiosidad. Me lo había recomendado una buena amiga y pensé que sería divertido asistir con mi hija pequeña. Se llamaba «El taller de la abundancia». La verdad es que me sorprendió y que lo disfruté de principio a fin.

Una de las dinámicas era, precisamente, elaborar nuestro *vision board* plasmando en imágenes el reto que queríamos conseguir. Yo en aquel entonces estaba escribiendo mi primer libro y quise trabajar el verlo publicado. Hice una composición con imágenes mías en una mesa firmando libros, participando en una rueda de prensa, recibiendo aplausos y la enhorabuena de lectoras y lectores de mi libro. Coloqué mi *vision board* en una repisa de mi vestidor y varias veces al día lo contemplaba y conectaba con él hasta sentir una emoción profunda. Te confieso que en multitud de ocasiones se resbalaba mejilla abajo alguna que otra lágrima...

Pasaron un par de años hasta que publiqué *Eres lo mejor que te ha pasado... ¡QUIÉRETE!*. La primera presentación del libro la hice en Barcelona y asistieron tantas personas que no cabían en la sala. Me hicieron entrevistas en los principales periódicos y emisoras de radio de mi país y sigo recibiendo maravillosos correos con historias preciosas y llenos de agradecimiento de personas que han leído el libro. Hace poco busqué ese *vision board* y me sobrecogió cómo se había cumplido todo lo que plasmé en su momento.

¿Qué es un *vision board*?

Un panel formado por imágenes, colores, palabras, etc., que representan lo que soy, siento, hago o tengo.

Una composición visual, tipo *collage*, que nos ayuda a tener mayor claridad sobre una meta u objetivo.

Esta representación gráfica facilita que focalicemos nuestra atención y que vayamos tomando decisiones acordes.

Se trata de plasmar una visión de aquello que queremos conseguir.

¿Cómo funciona?

Mediante la observación de tres principios básicos:

- Principio de abundancia. Esto tiene que ver con romper el paradigma de escasez que nos han inculcado y abrazar el convencimiento de que, por definición, el universo es pura abundancia.
- Principio de vibración. Relacionado con lo que te comentaba anteriormente sobre que somos seres energéticos en continua vibración y que atraemos aquello que vibramos.
- Principio de las infinitas posibilidades. Vinculado con la teoría de que existen multitud de realidades posibles y que, por tanto, nuestras decisiones moldean nuestro camino.

Metodología

- Escoge tu objetivo.
- Recorta imágenes, dibuja, escribe, etc., en una cartulina.
- Prueba la composición y encólala.
- Coloca tu *vision board* en un lugar accesible.
- Míralo con frecuencia y ¡vibra con él!

He enseñado a muchas personas a construir su *vision board*. Incluso a personas que, a priori, puedan parecer tan escépticas como un equipo de banca de inversiones. Y siempre les digo lo mismo: no estamos haciendo manualidades, no estamos persiguiendo crear algo estéticamente bonito, estamos construyendo un mural con imágenes y frases que nos ayuden a focalizar nuestra atención en la consecución de un reto concreto. El truco está en que cada vez que mire ese *collage* me emocione, sienta que ese reto ya lo he conseguido. Te dejo con otra cita, esta de Earl Nightingale:

Todo lo que plantamos en nuestra mente subconsciente y nutrimos con la repetición y la emoción, un día se convertirá en una realidad.

Guía para liderar un círculo de mujeres

El círculo es una figura geométrica con mucho significado que expresa simbólicamente el sentido de la vida humana y su conexión con el universo. Es una forma que no denota jerarquías, que no tiene ni principio ni fin. Una expresión gráfica que, arquetípicamente, aúna lo masculino y lo femenino.

Cuando nos reunimos en círculo se crea una energía muy especial. Dejamos de lado las ubicaciones protocolarias que, unido al hecho de poder mantener contacto visual con todas las integrantes, facilita una comunicación fluida y sincera.

Un círculo de mujeres es un encuentro entre mujeres reunidas en torno a una intención determinada. Por tanto, no se trata de encontrarse para conversar un rato, sino para llevar a cabo algo específico. Puede ser una intención tan concreta como desarrollar una habilidad o una más amplia como compartir y expresarse en un espacio seguro.

Si te animas a convocar un círculo de mujeres, te sugiero tengas en cuenta algunos aspectos relevantes.

Aspectos clave para liderar un círculo de mujeres:

- **Determinar la intención.** Como mencionaba anteriormente, es sumamente importante tener clara y establecida la intención con la que se convoca el círculo. De esta manera, las personas «saben a lo que van» y las aportaciones que surgen enriquecen a todo el grupo. Una vez tengas clara la intención que te lleva a crear un círculo, busca un símbolo que la represente y que esté presente en todas las sesiones. Puede ser algo tan sencillo como una vela o una planta que puedas colocar en el centro del círculo.

- **Creación del grupo.** Dedica un tiempo a pensar cuántas participantes quieres que haya en tu círculo y qué perfil es el más adecuado. El tamaño debe ser lo suficientemente grande o pequeño como para que se pueda dar una comunicación rica y fluida. Entre seis y doce mujeres suele ser un buen número.

  Por lo que respecta al perfil, lo más importante es que todas las personas que convoques resuenen con la intención que subyace en la creación del círculo.

- **Lugar.** Para el buen desarrollo del círculo es importante encontrar un espacio que incite a la calma, la introspección y la reflexión. Para ello, es preciso que escojamos un lugar acogedor y con privacidad, donde las participantes puedan sentirse cómodas si desean compartir vivencias íntimas.

  En el caso de que la opción sea realizar los círculos *online*, igualmente es preciso cuidar desde donde te conectes.

- **Calendario y horario.** Otro aspecto formal que debemos establecer es la duración del círculo (cuándo empieza y cuándo acaba), la periodicidad de las sesiones y el horario de cada una de ellas.

  Por ejemplo, podemos indicar que el círculo que estamos convocando va a tener una duración de nueves meses, con reuniones periódicas cada primer martes de mes en horario de siete a nueve de la tarde.

  Piensa y ajusta tu propuesta a la intención que te lleva a convocar tu círculo.

- **Estructura de las sesiones.** Dedícale un tiempo a pensar cómo va a ser la estructura de cada sesión del círculo. En absoluto tiene que ser algo rígido y de obligado cumplimiento, pero sí es recomendable una cierta ritualización de la apertura y el cierre.

  Ten en cuenta que cada una llega a la sesión con sus preocupaciones y estado anímico particular. Es interesante realizar un breve ejercicio de descompresión y de alineamiento energético con el fin de que la sesión sea fluida para todas. Para ello, puedes proponer, por ejemplo, que cierren los ojos y respiren profundamente unas cuantas veces y, a continuación, compartir someramente cómo está cada una. A mí me gusta encender una vela en ese momento y leer un pequeño texto que haga referencia a la intención con la que se convocó el círculo.

  Respecto al contenido específico de la sesión, puedes tenerlo preestablecido o puedes dejar que emerja preguntando en la ronda inicial que trae cada una de las participantes a la sesión de hoy. Si lo dejas abierto, tendrás que arbitrar que sea algo de interés para todo el grupo.

El otro momento para tener en cuenta es el cierre de la sesión. Es un espacio de recapitulación, de asentar lo vivido. Puedes, por ejemplo, invitar a que cada asistente diga una palabra que exprese cómo se siente. Una vez hecha la ronda, yo siempre procedo a apagar la vela como simbolismo del cierre.

- **Acuerdos de funcionamiento.** Es importante que desde la primera sesión se establezcan las pautas de funcionamiento del grupo. Por ejemplo, respetar el turno de palabra, no dar consejos ni aprobar o reprobar, respetar los silencios, la puntualidad, mantener el compromiso de asistencia, etc. Si es preciso, recordaremos en cada sesión los acuerdos alcanzados el primer día.

- **Tú como líder del círculo.** Tu papel en el desarrollo del círculo es crucial. Tú lo convocas y lo sostienes. Esto significa que su funcionamiento va a depender en gran manera de cómo estés tú. Así que es importante que antes de empezar cada sesión hagas un ejercicio contigo misma de centramiento, de conectar contigo y con la intención que te llevó a embarcarte en este proyecto.

Practica en el círculo la escucha verdadera y deja que tu intuición te guíe.

Epílogo.
A tu lado

Querida lectora:

Hemos llegado al final de este trozo de camino compartido.

Como ya te he contado, mi más profundo anhelo es contribuir a que la esencia femenina pueda expresarse en equilibrio con la masculina. Es ver un mundo equitativo, sostenible, pacífico. Un mundo donde las mujeres, como los hombres, puedan desarrollar su máximo potencial. Por su propio bien y por el bien de toda la humanidad.

Decía al inicio de este libro que lo que parece necesitar imperiosamente nuestro planeta en este preciso momento es una nueva realidad, donde haya «más de lo femenino» y ¿quién, sino las mujeres, que llevamos miles de años entrenándonos en los atributos de esta esencia, para liderar la creación de esta nueva realidad? Y ello conlleva nuestro despertar, honrando nuestra energía femenina y permitiéndonos una sana expresión de nuestra esencia masculina.

Este libro lo he dedicado a nosotras, pero en absoluto quiero dejar de lado a los hombres en este proceso evolutivo, todo lo contrario. Tiendo mi mano una y otra vez para caminar junto a tantos y tantos hombres que comparten este mismo mensaje. Somos partes complementarias, indisociables, para alcanzar una nueva realidad.

Te digo: ¡Atrévete, mujer! Da un paso adelante y salta tus obstáculos, creencias limitantes y barreras, y pon en juego todo tu potencial. Una vez más te digo: ¡El mundo te necesita!

Si has encontrado inspiración en estas páginas, te animo a que sigamos en contacto. Puedes visitar mi página web (www.mercebrey.com), seguirme en las redes sociales o profundizar en estos contenidos en mis cursos *online*. Aquí puedes encontrar toda la información: www.escuelamercebrey.com.

Y, ya para finalizar, compartir contigo este proverbio africano que me parece tan inspirador: «El río se llena con arroyos pequeños».

¡Sigamos sumando!

Te cuento más aquí

Bibliografía

Arce, E. & Dueñas, M. (2022) *Diversidad & Inclusión*. Madrid: Loquenoexiste.
Armstrong, T. (2012) *El poder de la neurodiversidad*. Barcelona: Paidós.
Arqués, N. (2022) *Impostoras y estupendas*. Barcelona: Alienta.
Bauman, Z. (2007) *Tiempos líquidos*. Barcelona: Tusquets editores.
Bhat, N. *et al.* (2016) *Shakti Leadership*. Oakland: Berrett-Koehler Publishers.
Blanch, M. (2021) *La diosa*. Madrid: Oberón.
Bohm, D. (1997) *Sobre el diálogo*. Barcelona: Kairós.
Braden, G. (2021) *Códigos de sabiduría*. Málaga: Editorial Sirio.
Brizendine, L. (2006) *El cerebro femenino*. Barcelona: Salamandra.
Brow, B. (2010) *Los dones de la imperfección*. Madrid: Gaia Ediciones.
Cabanas, E. & Ilouz, E. (2018) *Happycracia*. Barcelona: Paidós.
Campbell, J. (1988) *El poder del mito*. Madrid: Capitán Swing.
Campbell, R. (2021) *Brilla, hermana, brilla*. Madrid: Arkano books.
Cardona, S. (2008) *Neuromanagement*. Córdoba: Almuzara.
Chauvat, N. (2020) *Genki*. Madrid: Urano.
Chopra, D. (2021) *La receta de la felicidad*. Barcelona: Debolsillo.
Clear, J. (2018) *Hábitos atómicos*. Barcelona: Diana.
Couto, M. (2012) *La confesión de la leona*. Madrid: Alfaguara.
Covey, S. (2011) *Los 7 hábitos de la gente altamente efectiva*. Barcelona: Booket.
Delia, L. (2023) *Eleva tu vibración cada día*. Málaga: Editorial Sirio.
Dinesen, I. (2012) *El festín de Babette*. Barcelona: Viena editorial.
Dispeza, J. (2014) *El placebo eres tú.*Madrid: Urano.
— (2012) *Deja de ser tú*. Madrid: Urano.
— (2018) *Sobrenatural*. Madrid: Urano.
Dits, R. (2018) *El arte de comunicar*. Barcelona: Rigden Intitut Gestalt.
Domínguez, C. (2021) *Brujeres*. Barcelona: Roca Editoria.
Eisler, R. (2021) *El cáliz y la espada*. Madrid: Capitán Swing.
Erickson, L. (2021) *Empoderamiento de la mujer a través de los chakras*. Madrid: Urano.
Fornet, M. (2021) *Una mansión propia*. Madrid: Urano.
Frankl, V. (2015) *El hombre en busca de sentido*. Barcelona: Herder.
Gabarró, D. & Machin, N. (2016) *21 Creencias que nos amargan la vida*. Lleida: Boira editorial.
Gandhi, M. (1929) *Historias de mis experiencias con la verdad*. Madrid: Arkano Books.
Gerzema, J. & D'Antonio, M. (2013) *The Athena Doctrine*. San Francisco: Jossey-Bass Publishers.
Goodalí, J. & Abrams, D. (2022) *El libro de la esperanza*. Barcelona: Paidós.
Han, B. (2013) *La sociedad de la transparencia*. Barcelona: Herder.
— (2019) *Hegel y el poder*. Barcelona: Herder.
— (2010) *La sociedad del cansancio*. Barcelona: Herder.
— (2021) *No-cosas*. Barcelona: Taurus.
Hanh, T. N. (2016) *Cómo relajarse*. Barcelona: Kairós.
— (2011) *Sapiens*. Madrid: Debate.
Harari, N. Y. (2015) *Homo Deus*. Madrid: Debate.
— (2018) *21 lecciones para el siglo XXI*. Madrid: Debate.

La millonésima mujer

HAWKINS, D. (1994) *El poder contra la fuerza*. Carlsbad: Hay House Publishing.
HAY, L. (1984) *Usted puede sanar su vida*. Madrid: Urano.
KONDO, M. & SONENSHEIN, S. (2020) *La felicidad en el trabajo*. Madrid: Aguilar.
KURTIS, Mónica. (2021) *Potencia tu creatividad de la mano de la neurociencia*. Paría: Larousse.
LALOUX, F. (2016) *Reinventar las organizaciones*. Barcelona: Arpa Editores.
LAMA, D. (2016) *Más allá de la religión*. Novelda: Ediciones Dharma.
LUMERA, D. & DE VIVO, I. (2023) *Biología de la gentileza*. Barcelona: Diana.
MARAÑON, I. (2018) *Libérate de la carga mental*. Plataforma Editorial.
MARINA, J. A. (2012) *La inteligencia ejecutiva*. Barcelona: Ariel.
MARQUIER, A. (2010) *El maestro del corazón*. Barcelona: Ediciones Luciérnaga.
MONTOLÍO, E. (2019) *Tomar la palabra*. Barcelona; Ediciones de la Universidad de Barcelona.
MOORE, D. A. (2021) *La ciencia de confiar en ti*. Barcelona: Editorial Conecta.
MOORJANI, A. (2021) *La sensibilidad es la nueva fuerza*. Madrid: Gaia Ediciones.
MORGAN, M. (1990) *Las voces del desierto*. Barcelona: B de bolsillo.
MURDOCK, M. (1993) *Ser mujer*. Madrid: Gaia Ediciones.
NORDELL, J. (2022) *El fin del sesgo*. Tendencias Ediciones.
OBAMA, M. *Mi historia*. Barcelona: Plaza & Janés.
PINKILA, C. E. (1989) *Mujeres que corren con los lobos*. Barcelona: B de bolsillo.
— (2022) *El baile de las mujeres sabias*. Barcelona: Ediciones B.
RODRÍGUEZ, N. (2022) *Autoliderazgo femenino*. Barcelona: Alienta Editorial.
RUIZ, J. (2018) *La sabiduría de los chamanes*. Madrid: Urano.
RUIZ, M. A. (1997) *Los cuatro acuerdos*. Madrid: Urano.
SANDBERG, S. (2013) *Vayamos adelante*. Barcelona: Conecta.
SANTINI, C. (2018) *Kintsugi: el arte de la resiliencia*. Barcelona: Libros Cúpula.
SCHARMER, C. O. (2017) *Teoría U*. Barcelona: Editorial Eleftheria.
SHARMA, R. (2010) *El líder que no tenía cargo*. Barcelona: Debolsillo.
SHINOBA, B. J. (1984) *Las diosas de cada mujer*. Barcelona: Kairós.
— (2005) *El millonésimo círculo*. Barcelona: Kairós.
— (2005) *Las brujas no se quejan*. Barcelona: Kairós.
— (2006) *Mensaje urgente a las mujeres*. Barcelona: Kairós.
— (2015) *El nuevo movimiento global de las mujeres*. Barcelona: Kairós.
— (2017) *Artemisa*. Barcelona: Kairós.
SUÁREZ, V. J. (2020) *Astrología del liderazgo*. Valencia: Albatros Editorial.
SUNSTEIN, C. R. *et al.* (2008) *Un pequeño empujón*. Barcelona: Taurus.
SWAN, R. L. *El método Kamala*. Debolsillo.
TAYLOR, J. B. (2009) *Un ataque de Lucidez*. Madrid: Debate.
TOLLE, E. (1997) *El poder del ahora*. Madrid: Gaia Ediciones.
TORRES-DROMGOLD, A. (2021) *Hablando con Dragones*. Madrid: Editorial Musas Oscuras.
TRENT, T. (2018) *Mujer despierta*. Madrid: Urano.
TSERING, G. T. (2010) *Las cuatro verdades nobles de Buda*. Menorca: Ediciones Amara.
VANBREMEERSCH, C. (2017) *Encuentra tu Ikigai*. Salamanca: Editorial Edaf.
WADE, C. (2018) *Heart Talk*. Madrid: Urano.
WEBSTER, B. (2021) *Sanar la herida materna*. Málaga: Editorial Sirio.
WOOLF, V. (2021) *Una habitación propia*. Barcelona: Seix Barral.
WULF, A. (2015) *La invención de la naturaleza*. Barcelona: Taurus.
ZEBIAN, N. (2022) *Volver a casa*. Barcelona: Diana.

Su opinión es importante.
En futuras ediciones, estaremos encantados
de recoger sus comentarios sobre este libro.

Por favor, háganoslos llegar a través de nuestra web:

www.plataformaeditorial.com

Para adquirir nuestros títulos,
consulte con su librero habitual.

«*I cannot live without books*».
«No puedo vivir sin libros».
Thomas Jefferson

Desde 2013, Plataforma Editorial planta un árbol
por cada título publicado.